AF564994

अमर बलिदानी
तात्या टोपे

कुछ प्रमुख जीवनियाँ

ईश्वरचंद्र विद्यासागर
नेपोलियन बोनापार्ट
चंद्रशेखर आजाद
लाला हरदयाल
समाज सुधारक
राजा राममोहन राय
आनंदमूर्ति
बेंजामिन फ्रैंकलिन की आत्मकथा
जगदीशचंद्र बसु
लोकमाता अहिल्याबाई
लोकमान्य बाल गंगाधर तिलक
लियोनार्डो द विंची
शिखर भारतीय महिलाएँ
मैडम भीखाजी कामा
प्रथम अंतरिक्ष यात्री
यूरी गागरिन
लियो टॉल्सटॉय
आचार्य विनोबा भावे
स्वामी रामदेव
आर्यभट
अन्ना हजारे
नेल्सन मंडेला
महर्षि अरविंद घोष
कस्तूरबा गांधी
कर्नल जिम कॉर्बेट
मौलाना अबुल कलाम आजाद
होमी जहांगीर भाभा
नेताजी सुभाषचंद्र बोस
भगिनी निवेदिता
भारत कोकिला सरोजिनी नायडू
स्टीफन हॉकिंग
गोपाल कृष्ण गोखले
रवींद्रनाथ टैगोर
स्वामी दयानंद सरस्वती
बिपिनचंद्र पाल
अशफाक उल्ला खाँ
निकोलस कॉपरनिकस
बिरसा मुंडा

अमर बलिदानी
तात्या टोपे

महेश शर्मा

विद्या विकास एकेडेमी

प्रकाशक : **विद्या विकास एकेडेमी**
3637 नेताजी सुभाष मार्ग दरियागंज, नई दिल्ली–110002
 / संस्करण : 2025 / मूल्य : तीन सौ रुपए
मुद्रक : श्री साई प्रिंटर्स, साहिबाबाद ISBN 978-81-928508-87

AMAR BALIDANI TATYA TOPE
by Shri Mahesh Sharma ₹ 300.00
Published by **VIDYA VIKAS ACADEMY**
3637 Netaji Subhash Marg, Darya Ganj New Delhi-110002

अपनी बात

भारत एक महान् देश है । शास्त्रों का कथन है कि भारत भूमि पर जन्म लेने के लिए स्वयं देवता भी तरसते हैं। इस धरती पर राम, कृष्ण, बुद्ध, महावीर स्वामी एवं नानक जैसे महापुरुषों ने जन्म लिया और इस धरती को धन्य किया। इसी धरती ने अनेक शूरवीर भी पैदा किए, जिन्होंने अपना और देश का भी नाम अमर कर दिया। इन महावीरों का इतिहास कभी उत्थान में रहा, भले ही इनके किस्से बयान करनेवाले न रहें।

भारत में समाज के भिन्न वर्गों ने अलग-अलग तरीके से देश के उत्थान में योगदान दिया है। अनेक महान् राजा हुए हैं, जिनकी शासन पद्धति भविष्य के लिए आदर्श बन गई। इसी कारण अशोक और अकबर जैसे सम्राटों की गणना महान् शासकों में की जाती है। इसी प्रकार अनेक संतों ने अपने कर्मों तथा वचनों से इस धरती को स्वर्ग बनाया। ये महापुरुष न केवल समाज में लोकप्रिय रहे, बल्कि धर्म के भी प्रवर्तक रहे। इन संतों ने सामाजिक बुराइयों का विरोध किया। आदर्श समाज की रचना का प्रयास किया। इन संतों और महापुरुषों के कार्यों के कारण ही भारत आज भी जगत्‌गुरु के रूप में प्रसिद्ध है, अपनी आध्यात्मिकता के लिए संसार में जाना जाता है।

इसी प्रकार भारत में अनेक वीर योद्धा और क्रांतिकारी भी हुए हैं, जिन्होंने देश के सम्मान को बनाए रखने के लिए अपने प्राण तक न्योछावर कर दिए। ऐसे भी अनेक वीर हुए जो देश के लिए अपना सबकुछ त्यागकर अमर हो गए। इनका योगदान कभी भुलाया नहीं जा सकता। इन वीरों पर आज भी देशवासियों को नाज है।

देश को आजाद कराने के लिए अनेक वीरों ने अपना सबकुछ बलिदान कर दिया। इन वीरों में महारानी लक्ष्मीबाई, महाराणा प्रताप, वीर तात्या टोपे, छत्रपति शिवाजी, भगतसिंह, चंद्रशेखर आजाद, महात्मा गांधी, पं. जवाहरलाल नेहरू आदि के नाम शामिल हैं। ये कुछ ऐसे नाम हैं, जिन्होंने अपने कार्यों से अपना नाम सदा के लिए अमर कर दिया। भारत के इतिहास में इनका नाम स्वर्ण अक्षरों में अंकित है।

भारत की आजादी की लड़ाई में वीरों द्वारा जो योगदान दिया गया था, उसके आधार पर हम उन्हें दो भागों में बाँट सकते हैं। एक–वे वीर जिन्होंने सन् 1857 से पहले योगदान दिया। दूसरे जिन्होंने इसके बाद योगदान दिया। दोनों तरह के लोगों का योगदान बराबर है, क्योंकि दोनों प्रकार के वीरों का उद्‌देश्य मातृभूमि और उसके सम्मान को बनाए रखना था। 1857 का जो विद्रोह हुआ था, उसका उद्‌देश्य अंग्रेजों के शासन को समाप्त करना था। इस विद्रोह को 'स्वतंत्रता संग्राम' भी कहा जाता है। वैसे तो इस विद्रोह में हजारों लोगों ने भाग लिया था, लेकिन इसका नेतृत्व करनेवाले कुछ गिने–चुने वीर ही थे। इन वीरों ने अपने प्राणों का बलिदान कर दिया, परंतु अंग्रेजों के स्वामित्व को स्वीकार नहीं किया। इन वीरों में रानी लक्ष्मीबाई, वीर कुँवर सिंह, तात्या टोपे, मंगल पांडे, बहादुरशाह जफर द्वितीय, नाना साहब, बेगम हजरत महल आदि प्रमुख थे। ये वीर देश के विभिन्न भागों से जुड़े हुए थे, लेकिन विद्रोह के समय इन्होंने एक होकर

अंग्रेजी शासन के खिलाफ आवाज उठाई तथा देश को आजाद कराने का प्रयास किया।

इस पुस्तक में हम एक ऐसे ही वीर पुरुष का वर्णन कर रहे हैं, जिन्होंने अपने प्राणों की परवाह किए बगैर देश के लिए महत्त्वपूर्ण बलिदान दिया था। इस वीर योद्धा का नाम था–तात्या टोपे, जो महाराष्ट्र की धरती पर जन्मा था। इस धरती पर इससे पहले भी कई वीरों और महापुरुषों का जन्म हुआ। महाराष्ट्र में वैसे तो सभी जाति के लोग निवास करते हैं, परंतु मराठा जाति का यह मुख्य निवास स्थान है। यह जाति वीर और लड़ाकू जाति के रूप में जानी जाती है। तात्या टोपे का वास्तविक नाम रामचंद्र पांडुरंग जाबलेकर था, लेकिन ये 'तात्या टोपे' नाम से प्रसिद्ध हुए। उनका नाम 'तात्या टोपे' कैसे और क्यों पड़ा, इसी अंतरकथा को इस पुस्तक में यथास्थान दे दिया गया है। तात्या टोपे 1857 के विद्रोह के एक महत्त्वपूर्ण स्वतंत्रता सेनानी थे। के. श्रीपति शास्त्री तात्या टोपे की प्रशंसा में लिखते हैं, "वे एक वीर और महान् योद्धा थे। उनका नाम ही अंग्रेजों के बड़े-बड़े जनरलों को भयभीत कर देता था।"

तात्या टोपे की गणना उन महानायकों में की जाती है, जिन्होंने शक्तिशाली अंग्रेज साम्राज्य को हिलाकर रख दिया था। उन्होंने ऐसे-ऐसे हैरतअंगेज कारनामे किए, जिनकी लोग कल्पना तक नहीं कर सकते। प्रस्तुत पुस्तक देश के इसी महान् सपूत की जीवनी है। आशा है, पाठकों को यह पुस्तक रोचक और ज्ञानवर्द्धक लगेगी।

–महेश शर्मा

अनुक्रमणिका

	अपनी बात	*5*
1.	बचपन	11
2.	किशोरावस्था और शिक्षा	19
3.	19 वीं सदी का भारत	26
4.	सामाजिक एवं राजनीतिक जीवन	40
5.	अंग्रेजों की राज्य हड़प नीति	54
6.	प्रथम स्वतंत्रता संग्राम की तैयारियाँ	60
7.	झाँसी की स्थिति	69
8.	लक्ष्मीबाई का बलिदान	79
9.	चरखारी के राजा को सबक	86
10.	जंगल में आश्रय	93
11.	पीठ में छुरा	106
12.	मुकदमा और फाँसी	109
13.	सार-संक्षेप	118
	संदर्भ-साभार	128

बचपन

तात्या टोपे की जन्मभूमि महाराष्ट्र है, जो 'वीरों की जन्मभूमि' के नाम से जाना जाता है। इसी भूमि में एक महावीर पैदा हुआ, जिसका नाम रामचंद्र पांडुरंग था। महाराष्ट्र राज्य में नासिक एक महत्त्वपूर्ण नगर है। यह एक प्रसिद्ध तीर्थस्थल भी है। यह शहर गोदावरी नदी के किनारे बसा है। गोदावरी नदी की पवित्र जलधारा इस शहर को और भी पावन बना देती है। गोदावरी नदी को 'दक्षिण की गंगा' भी कहा जाता है।

नासिक के पास एक महत्त्वपूर्ण प्रसिद्ध स्थान है, जो पंचवटी के नाम से जाना जाता है। पंचवटी वही पवित्र स्थान है, जो रामायण काल में राम, लक्ष्मण और सीता का आवास बना था। यहाँ रामचंद्रजी ने अपने वनवास के कुछ वर्ष बिताए थे। यद्यपि अब उस कुटिया का, जिसे 'पर्णकुटी' कहते थे, कोई निशान वहाँ मौजूद नहीं है, लेकिन यह माना जाता है कि उस धरती से रामनाम की ध्वनि अब भी सुनाई पड़ती है। हजारों की संख्या में लोग आज भी हर साल यहाँ आते हैं और गोदावरी में डुबकी लगाकर अपने

पाप धोते हैं। हजारों तीर्थयात्री पहले पवित्र गोदावरी नदी में स्नान करते हैं, उसके बाद राम, लक्ष्मण और सीता के दर्शन करके अपने आपको धन्य करते हैं।

नासिक के पास ही एक गाँव है, जिसका नाम जाबालि है। यह गाँव देखने में बहुत ही साधारण सा है। यहाँ के अधिकतर मकान कच्चे हैं। गाँव के चारों ओर घने वन हैं। इन वनों ने इस गाँव को सुंदर बना दिया है। प्रकृति की छटा यहाँ बड़ी मनोहारी दिखाई पड़ती है।

जाबालि गाँव महाराष्ट्रीय ब्राह्मणों के लिए प्रसिद्ध है। यहाँ बड़ी संख्या में ब्राह्मण रहते हैं, जिनका मुख्य काम खेती और नौकरी आदि है। यहाँ अन्य जातियों के लोग भी रहते हैं। हरिजनों के भी कुछ घर इस गाँव में देखने को मिलते हैं, जो मजदूरी एवं उद्योगों में काम-धंधा करके अपना और अपने परिवार का पालन-पोषण करते हैं। अनेक ब्राह्मण संस्कृत के ज्ञाताओं और विद्वानों में गिने जाते हैं।

इसी गाँव में 18वीं शताब्दी में एक ब्राह्मण परिवार रहता था, जिसके मुखिया का नाम पांडुरंग राव था। वे संस्कृत तथा मराठी-दोनों भाषाओं के जानकार थे। वे नौकरी और कुछ पूजा-पाठ आदि करके अपना जीवनयापन करते थे। कहते हैं उनका जन्म भगवान् पांडुरंग की कृपा से हुआ था, इसलिए उनके माता-पिता ने उनका नाम पांडुरंग राव रख दिया था।

पांडुरंग धार्मिक विचारों के व्यक्ति थे। वे पैसे को अधिक महत्त्व नहीं देते थे। उनका मानना था कि बुरे कामों से कमाया गया पैसा व्यर्थ चला जाता है, जो बुरी आदतों और विकारों को बढ़ावा देता है, इसलिए वे ईमानदारी और सच्चाई को अधिक महत्त्व देते

थे। उनकी सच्चाई और ईमानदारी से पूना के राजा पेशवा बाजीराव भी बहुत प्रभावित थे, इसलिए उन्होंने पांडुरंग को अपने दरबार में नौकरी दे दी थी। उस समय जो वेतन मिलता था, वह बहुत कम था, इसलिए पांडुरंग कर्मकांड संपन्न कराते थे। कुछ अतिरिक्त आय प्राप्त कर अपना जीवन बड़े आनंद से व्यतीत कर रहे थे।

पांडुरंगजी का व्यवहार सरल और स्नेहिल था। अतः गाँव में सभी के साथ उनके संबंध अच्छे बने हुए थे। उनकी पत्नी का नाम रुक्माबाई था। रुक्माबाई भी अपने पति की तरह धार्मिक विचारों की महिला थीं। वे भी धर्म और पूजा-पाठ में विश्वास रखती थीं। वे रोज नियमपूर्वक भगवान् राम की पूजा करती थीं। पूजा करने के बाद गाँव के हनुमान मंदिर जाकर हनुमानजी के दर्शन का पुण्य लाभ उठाती थीं। वे लोगों की मदद भी खुलकर करती थीं और सबकी मदद के लिए हमेशा तैयार रहती थीं।

उन्हें केवल एक ही दुःख था। विवाह के कई वर्ष बीतने के बाद भी उनकी कोई संतान नहीं हुई थी। वे अनेक मंदिरों में भगवान् से दुआ माँगती थीं कि भगवान् उनकी गोद भर दें। गाँव के हनुमान मंदिर में भी वे नित्य हनुमानजी के चरणों में मस्तक झुकाकर संतान के लिए प्रार्थना करती थीं। आखिरकार भगवान् ने उनकी प्रार्थना सुन ली। इस संबंध में एक कहानी प्रसिद्ध है—

एक रात उन्हें एक स्वप्न दिखाई दिया। स्वप्न में उन्हें एक महात्मा ने दर्शन दिए और कहा, 'तुम्हारी मनोकामना अवश्य पूर्ण होगी। तुम्हारे घर एक पुत्र का जन्म होगा, जो संसार में अपना नाम अमर करेगा।'

कहते हैं कि इस स्वप्न के बाद ही रुक्माबाई गर्भवती हो गई थीं। इसके नौ महीने बाद सन् 1814 ई. में उनको एक पुत्र

हुआ। उनका यही पुत्र भारत की स्वतंत्रता के इतिहास में तात्या टोपे के नाम से प्रसिद्ध हुआ। तात्या टोपे के माता-पिता ने उनका नाम जाबलेकर रखा, क्योंकि वे जाबालि गाँव में पैदा हुए थे। जाबालि का वास्तविक अर्थ यशस्वी है। जाबलेकर ने वास्तव में स्वयं को यशस्वी बनाकर दिखाया। उन्होंने भारत की आजादी के प्रथम स्वतंत्रता संग्राम में सहयोग देकर अपने नाम को सदा के लिए अमर कर लिया।

जाबलेकर का बचपन जाबालि गाँव में ही बीता। बचपन में ही उनके कार्यों को देखकर लगने लगा था कि बड़े होकर वे एक महान् व्यक्ति बनेंगे। उनके बचपन में कुछ ऐसी घटनाएँ घटीं, जिनसे उनके भावी जीवन की झलक मिलती है। यहाँ उनका वर्णन करना प्रासंगिक होगा। एक घटना इस प्रकार है— एक कहावत है—यदि किसी सोते व्यक्ति के सिर के पास बैठकर सर्प उसकी रक्षा करता है तो वह व्यक्ति बड़ा भाग्यशाली समझा जाता है।

ऐसी घटना जाबलेकर के जीवन में भी घटी। जब वे केवल 8 या 9 महीने के थे, उनकी माँ एक दिन उन्हें चारपाई पर सुलाकर पानी भरने कुएँ पर चली गईं। भीड़ ज्यादा होने के कारण पानी लाने में कुछ देरी हो गई। जब वे घर लौटीं तो वहाँ का दृश्य देखकर हैरान रह गईं और बहुत ज्यादा घबरा भी गईं। एक बहुत बड़ा साँप फन फैलाकर चारपाई के पास बैठा था। साँप को देखते ही उनकी चीख निकल गई। मिट्टी का घड़ा भी घबराहट के कारण सिर से गिरकर फूट गया। उन्होंने सोचा कि शायद साँप ने बच्चे को काट लिया है। उन्होंने जाबलेकर को गोद में उठाकर रोना शुरू कर दिया।

इस बीच साँप कहीं अदृश्य हो गया। घटना की जानकारी

पड़ोसियों को हुई। उन्होंने एक मत से यह मान लिया कि यह बालक बड़ा होकर जरूर महापुरुष बनेगा। बाद में हकीकत में वैसा ही हुआ। बड़ा होकर वह बालक तात्या टोपे के नाम से प्रसिद्ध हुआ।

जाबलेकर के बचपन की दूसरी घटना भी इसी प्रकार की थी। तब वे 4-5 वर्ष के बालक थे। उनके घर के पास ही मेला लगा हुआ था। मेला देखने की उनकी तीव्र इच्छा थी, लेकिन माता-पिता उन्हें अपने साथ मेले में नहीं ले गए। एक दिन वे अकेले ही मेला देखने चले गए। मेले में उन्होंने अनेक प्रकार के खिलौने, झूले, दुकानें आदि देखीं। अनेक चीजों को देखकर मन ललचाया, परंतु उन्होंने अपने लालच पर काबू रखा। वे सभी चीजों को ध्यान से देख रहे थे। वे घूमकर खिलौनों की एक दुकान पर आए। वहाँ अनेक तरह की रंग-बिरंगी मूर्तियाँ देखकर उनका मन लालच से भरने लगा। उनके पास ज्यादा पैसे नहीं थे। उन्हें एक मूर्ति बहुत ज्यादा पसंद आई। वह मूर्ति थी शिवाजी महाराज की।

जाबलेकर ने पैसे देकर शिवाजी की वह मूर्ति खरीद ली और घर आकर कहा, ''माँ, देखो मैं क्या लाया हूँ! कितनी सुंदर और प्यारी मूर्ति है!''

जाबलेकर ने मूर्ति माँ को दे दी। माँ बड़ी हैरान हुईं, क्योंकि बच्चों को आम तौर पर पक्षी, जानवर आदि के खिलौने पसंद आते हैं। ऐसे में जाबलेकर द्वारा शिवाजी की मूर्ति को पसंद करना बड़ा अजीब लगा।

माँ ने उनसे कहा, ''मूर्ति तो तुम खरीद लाए, लेकिन जानते हो यह किसकी है?''

उन्होंने जवाब नहीं दिया तो माँ ने बताया कि यह शिवाजी

महाराज की मूर्ति है, जिन्होंने स्वाधीनता की रक्षा और स्वराज्य की स्थापना के लिए जीवन के अंतिम क्षणों तक संघर्ष किया था। शिवाजी के बारे में यह बताने के बाद माँ ने उनसे पूछा कि क्या वह भी ऐसा करेगा?

तब बालक जाबलेकर ने बिना कुछ सोचे-समझे तुरंत उत्तर दिया था, "हाँ माँ, मैं भी ऐसा करूँगा। अपनी धरती माँ को विदेशियों से आजाद कराने के लिए मैं भी युद्ध करूँगा।"

बालक के हृदय से निकली शुद्ध आवाज वाकई सत्य सिद्ध हुई। युवा होने पर जाबलेकर ने सचमुच भारतमाता को दासता के बंधनों से मुक्त कराने के लिए विदेशियों से युद्ध किया। युद्ध भी ऐसा जबरदस्त कि जिसे देखकर अंग्रेजों ने भी दाँतों तले उँगली दबा ली थी।

तात्या टोपे बाल्यावस्था से ही बड़े चंचल स्वभाव के थे। शरारतें करना उनको बहुत भाता था। अपनी शरारतों से वे न केवल घर के लोगों को तंग किया करते थे, बल्कि दोस्तों को सताने में भी कसर नहीं छोड़ते थे। एक बार की बात है, उनके किसी मित्र ने किसी बात पर उनका मजाक उड़ा दिया, तभी उन्होंने यह ठान लिया कि वे उसे मजा अवश्य चखाएँगे। इसके लिए उन्होंने मित्रों के साथ मिलकर एक योजना बनाई। एक शाम सब दोस्त पास के जंगल में चले गए। योजना के अनुसार धीरे-धीरे सभी दोस्त यहाँ-वहाँ छिप गए। केवल वह दोस्त अकेला रह गया, जिसने तात्या का मजाक उड़ाया था। अब सबने उसे डराना शुरू कर दिया। उसे इतना डराया गया कि वह बेचारा दहाड़ें मारकर रोने लगा। इस तरह की न जाने कितनी शरारतें उन्होंने बचपन में की थीं।

तात्या टोपे बचपन से ही निर्भीक और साहसी थे। वे जोखिम

भरा कोई भी कार्य करने से हिचकिचाते नहीं थे और दूसरों की मदद करने में भी पीछे नहीं रहते थे। उनके बारे में यह भी कहा जाता है कि जब शरारत करने पर कोई इनके कान पकड़ता था या दंड देता था तो बदले में वे उसे दाँतों से काट लिया करते थे या उसका कोई-न-कोई नुकसान कर देते थे। वे अकसर कहा करते थे कि 'मुझे कोई दंड नहीं दे सकता।'

तात्या टोपे माता-पिता की सेवा में भी कोई कोर-कसर नहीं छोड़ा करते थे। वे उनकी आज्ञा के अनुसार ही कार्य करते थे, लेकिन उनका लगाव शुरू से ही अपनी माता के प्रति ज्यादा था। वे माँ के बड़े भक्त थे। माँ को किसी प्रकार से दुःखी नहीं देख सकते थे। जब कभी माँ किसी कारण से उदास हो जाती या आँसू बहाने लगती तो वे बड़े दुःखी होते थे और दोनों हाथों से अपनी माँ का मुख पकड़कर कहते थे, "बताओ माँ, तुम्हें किसने दुःख दिया है? तुम मुझे केवल उसका नाम बता दो। मैं उसे सबक सिखाकर ही दम लूँगा।"

जिस बालक के अपनी माँ के प्रति इस प्रकार के विचार थे, वह अपनी धरती माँ को भला कैसे दुःखी देख पाता! इसी के चलते युवा होने पर उन्होंने अपनी मातृभूमि के दुःखों का भी अंत करने का प्रयास किया। मरते दम तक वे अपनी मातृभूमि की आजादी के लिए लड़ते रहे।

इस प्रकार बाल्यकाल की ऐसी अनेक घटनाएँ थीं, जो उनके भविष्य की ओर इशारा करती थीं। उनके बाल-मुख से उनका भविष्य बोला करता था। उनकी बाल-लीलाओं में इस प्रकार के कारनामे भी शामिल थे, जो अंग्रेजों के प्रति उनके रोष को व्यक्त करते थे। बाल्यकाल से ही वे भारतमाता को अपनी माँ के रूप

में देखा करते थे। उनके जीवन का एकमात्र लक्ष्य था—अंग्रेजों की गुलामी से देश को छुटकारा दिलाना, ताकि भारतवासियों के दु:खों का अंत हो सके।

जाबलेकर के पिता पांडुरंग मराठा पेशवा बाजीराव के दरबार में एक मुख्य पदाधिकारी थे, इसलिए जब बाजीराव पेशवा अंग्रेजों से युद्ध हार गए तो संधि के अनुसार वे पूना से बिठूर में जाकर रहने लगे थे। ऐसे में उन लोगों को कई दिक्कतों का सामना करना पड़ा, जो पेशवा के विश्वासपात्र कर्मचारी थे। पेशवा के बिठूर जाने पर कुछ कर्मचारी भी उनके साथ पूना को छोड़कर बिठूर चले आए थे। जो थोड़े बच गए थे, वे भी एक-एक करके पूना छोड़कर बिठूर में पहुँच गए। जाबलेकर के पिता भी अपने परिवार के साथ बिठूर चले आए। यहाँ जाबलेकर के नाना साहब के साथ अच्छे संबंध बन गए, जो पेशवा बाजीराव के दत्तक पुत्र थे।

कई इतिहासकारों ने तात्या का जन्मस्थान नासिक के निकट पटौदी जिले का येवला गाँव बताया है।

❑

2

किशोरावस्था और शिक्षा

जाबलेकर पिता के साथ बिठूर पहुँचे तो वहाँ उन्हें एक के बाद एक तीन बच्चों का साथ मिला। उन बच्चों से आयु में बड़े होने के नाते उनकी देख-रेख और उन्हें संस्कारी बनाने का दायित्व पेशवा और स्वाभाविक रूप से जाबलेकर के कंधों पर डाल दिया गया। ये बच्चे आयु में उनसे छोटे थे। इन तीनों को पेशवा बाजीराव ने आश्रय प्रदान किया हुआ था। यहाँ अन्य बच्चों के बारे में संक्षेप में बताना प्रासंगिक होगा।

माधो नारायण राव भट्ट अपनी पत्नी के साथ तीन साल के पुत्र राव साहब को लेकर बाजीराव पेशवा के दरबार में बिठूर पहुँचे। पेशवा बाजीराव ने तीनों को आश्रय दिया। एक वर्ष बाद माधो नारायण राव के घर एक और पुत्र का जन्म हुआ, जिसका नाम नाना साहब रखा गया। पेशवा ने माधो नारायण राव के छोटे पुत्र नाना साहब को गोद ले लिया, क्योंकि उनकी अपनी कोई संतान नहीं थी। नाना साहब को गोद लेने की खबर अंग्रेज सरकार

तात्या टोपे

को भी दे दी गई थी, ताकि सरकार उन्हें विधिवत् उनका उत्तराधिकारी स्वीकार कर ले।

मोरोपंत पहले अपनी पत्नी भागीरथी को साथ लेकर वाराणसी चले गए थे, जहाँ उनकी पत्नी ने एक पुत्री को जन्म दिया, जिसका नाम मनुबाई रखा गया। उसे प्यार से 'छबीली' भी कहा जाता था, जो बाद में झाँसी की रानी लक्ष्मीबाई के नाम से प्रसिद्ध हुई और जिसने 1857 के विद्रोह के समय अंग्रेजों को नाकों चने चबवा दिए थे।

मनुबाई जब तीन वर्ष की थी, तभी उसकी माँ भागीरथी की मृत्यु हो गई थी। ऐसे में उसके पिता मोरोपंत उसे वाराणसी से लेकर बिठूर आ गए, क्योंकि काशी में उनका अकेले रहना संभव नहीं था। यहाँ पेशवा बाजीराव ने उनको भी आश्रय दिया।

इस प्रकार, दैवयोग से तीन महान् आत्माओं का मिलन एक साथ हो गया, जो आगे चलकर इतिहास में अपना नाम अमर कर गए। इन तीनों का मिलन ऐसा था, जैसे इलाहाबाद में गंगा, यमुना और सरस्वती का संगम। ये तीनों महानायक 1857 के विद्रोह के मुख्य प्रेरणास्रोत बने और इन तीनों का प्रभाव आरंभ से लेकर अंत तक बना रहा था। इन तीनों ने अपने राज्य और मातृभूमि के लिए अपने प्राणों तक को न्योछावर कर दिया और अपने नाम भारत के इतिहास में स्वर्ण अक्षरों में दर्ज कराए। इनके बलिदान के बाद 1857 के विद्रोह की आग बिलकुल बुझी तो नहीं, लेकिन मंद अवश्य पड़ गई थी, फिर भी इनके बलिदान व्यर्थ नहीं गए। इन्होंने देशप्रेम की जो भावना लोगों में जाग्रत् की, वह बलवती होती चली गई और जब तक अंग्रेजों से देश को आजाद नहीं करा लिया गया, वह आग शांत नहीं हुई।

तात्या टोपे, नाना साहब, उनके बड़े भाई राव साहब और मनुबाई उर्फ छबीली का पालन-पोषण एक ही छत के नीचे पेशवा

बाजीराव की देख-रेख में हुआ। जहाँ इनके खान-पान की उचित व्यवस्था की गई थी, वहीं पढ़ाई-लिखाई और हथियार संचालन के प्रशिक्षण की भी समुचित व्यवस्था उपलब्ध कराई गई थी। चारों में तात्या टोपे सबसे बड़े थे।

बाजीराव चारों के साथ एक जैसा व्यवहार करते थे तथा सबको समान सुविधाएँ प्राप्त थीं। यहाँ तक कि उनका प्यार और दुलार भी सबके प्रति एक समान था। वे इन में अपना सुनहरा भविष्य देखा करते थे और उनके युवा होने की प्रतीक्षा में थे, जब वे उनके कार्यों में मदद कर सकें।

जैसा पहले बताया गया है, इन चारों को केवल किताबी शिक्षा तक ही सीमित नहीं रखा गया था, बल्कि अस्त्र और शस्त्रों के संचालन की भी शिक्षा प्रदान की गई थी, ताकि जरूरत पड़ने पर वे अपना बचाव भी कर सकें। चारों का खेलना-कूदना, पढ़ना-लिखना आदि सब एक साथ होता था। इसके अलावा घुड़सवारी और हाथी की सवारी आदि की भी शिक्षा दी जाती थी। तात्या सबसे बड़े थे, इस कारण सबकी ठीक प्रकार से देखभाल करने की जिम्मेदारी भी उनकी ही थी। वे भी तीनों से एक जैसा व्यवहार करते थे। उनकी खातिर बड़ी-से-बड़ी परेशानी उठाने में भी पीछे नहीं रहते थे।

जाबलेकर का नाम तात्या टोपे कैसे पड़ा, इसकी भी एक रोचक कहानी है। यह घटना उस समय की है जब जाबलेकर की उम्र 11-12 वर्ष की थी। बाजीराव पेशवा उन्हें बहुत प्यार करते थे। वे प्यार से उन्हें तात कहते थे। महाराष्ट्र में छोटों को प्यार से तात कहते हैं, इस कारण जाबलेकर का नाम 'तात' पड़ गया। एक दिन पेशवा ने तात को रत्नों से जड़ी एक टोपी दी। मराठी भाषा

में टोपी को 'टोपे' कहते हैं। तात उस टोपी को पहनकर बड़े सजीले लगते थे। इसी समय से तात के नाम के साथ टोपे शब्द जुड़ गया और उनका नाम 'तात्या टोपे' हो गया। धीरे-धीरे दूसरे लोग भी इसी नाम का प्रयोग करने लगे व उनका असली नाम भुला दिया गया और यह नाम प्रचलित हो गया।

तात्या टोपे पढ़ाई-लिखाई में ज्यादा ध्यान नहीं देते थे, लेकिन अस्त्र-शस्त्रों की शिक्षा में बहुत रुचि लेते थे। तलवारबाजी, तीर चलाना, घुड़सवारी आदि में वे अपने गुरुओं के पर कतरने लगे थे। वे इनमें इतने पारंगत हो गए थे कि किसी भी योद्धा को आसानी से पराजित कर देते थे। दरबार में आयोजित होनेवाली प्रतियोगिताओं में वे बराबर भाग लेते थे और हर बार मुकाबला जीतते थे।

उनकी वीरता और शस्त्र-कला की कीर्ति न केवल बिठूर में, बल्कि दूर-दूर तक के प्रांतों में फैली हुई थी। शस्त्र-कला की निपुणता ने उन्हें एक महान् योद्धा बना दिया था। जिसका जलवा उन्होंने 1857 के विद्रोह में दिखाया। उनकी शस्त्र-कला की प्रशंसा एक अंग्रेज जनरल तक ने की थी। उसने कहा था कि अगर इस देश में तात्या टोपे जैसे योद्धा होंगे तो यहाँ उनका शासन अधिक समय तक नहीं चल सकता। ऐसे महावीर धरती पर विरले ही पैदा होते हैं।

तात्या जहाँ शस्त्र-कला में पारंगत थे, वहीं घुड़सवारी में भी उनका कोई सानी न था। घोड़े की पीठ पर बैठते ही घोड़ा मानो उनके हुक्म का गुलाम हो जाता था। उन्होंने युवावस्था में घुड़सवारी के अनेक मुकाबलों में विजय प्राप्त की थी। जिन दिनों वे घुड़सवारी का प्रशिक्षण ले रहे थे, उन दिनों की बात है मनुबाई सबसे छोटी

थी, इसलिए उसे घुड़सवारी नहीं करने दी जा रही थी, जिसके कारण वह रोए जा रही थी। तब तात्या उसके पास आए और उन्होंने उसे समझाना चाहा तो मनु बोली कि एक दिन उसके दरवाजे के आगे हाथियों और घोड़ों की पूरी कतार लगी होगी। वह इस तरह किसी की दया पर आश्रित नहीं रहेगी। जब तात्या ने उसे समझाया और अपने घोड़े पर बिठाकर घुमाया, तब जाकर वह शांत हुई।

बाजीराव पेशवा चारों से एक जैसा दुलार करते थे, फिर भी मनुबाई उनकी अधिक लाडली थी। मनुबाई बचपन से ही बड़े चंचल स्वभाव की थी। इस कारण बाजीराव ने उसका नाम 'छबीली' रख दिया था। छबीली को तीनों भाई बड़ा प्यार करते थे। जब तेरह वर्ष की उम्र में उसका विवाह झाँसी के राजा गंगाधर राव के साथ तय हुआ तो तीनों भाइयों ने विवाह के आयोजन में बढ़-चढ़कर हिस्सा लिया और प्रेमपूर्वक अपनी बहन को विदा किया।

तात्या टोपे अब सभी कलाओं में पूर्ण प्रशिक्षित हो चुके थे। वे बाजीराव पेशवा के सेनापति और भावी पेशवा नाना साहब के सच्चे मित्र थे। वे नाना साहब का बड़ा आदर करते थे। उनके साथ वे नृत्य-संगीत आदि की महफिलों में भाग नहीं लेते थे, क्योंकि वे संयमित जीवन के समर्थक और भगवान् शिव के उपासक थे। वे हमेशा नाना साहब की सेवा में तत्पर रहा करते थे, लेकिन उन्हें अंग्रेजों के साथ नाना की मित्रता अच्छी नहीं लगती थी। वे स्वयं को अंग्रेजों की संगत से बचाने की कोशिश करते थे। वे नाना साहब के साथ रहते थे, परंतु कभी अंग्रेजों की पार्टियों आदि में नहीं जाते थे।

एक इतिहासकार ने लिखा है: "बाजीराव पेशवा की मृत्यु

सन् 1851 में हुई। उस समय तात्या टोपे की आयु 37 वर्ष और नाना साहब लगभग 27 वर्ष के थे, लेकिन तात्या का जीवन घुड़सवारी, तीर-तलवार चलाने और निशाना आदि साधने में ही व्यतीत होता था। उनके चरित्र में कोई कमी देखने को नहीं मिलती थी। वे अपने सीधे-सादे जीवन से संतुष्ट थे तथा स्वयं को नाना साहब की सेवा में लगाए रखते थे।''

❑

3

19 वीं सदी का भारत

19वीं शताब्दी में भारत की स्थिति बहुत दयनीय थी। अंग्रेजों की अनेक अत्याचारी नीतियों के कारण समाज के सभी वर्गों का शोषण हो रहा था। ऐसे में बुराइयों का प्रभाव बढ़ता जा रहा था और धर्म में लोगों का विश्वास धीरे-धीरे खत्म होता जा रहा था।

भगवान् श्रीकृष्ण ने गीता में कहा है–'जब-जब धर्म की हानि होती है, अज्ञानी, नीच और अभिमानी मनुष्यों का अभ्युदय होता है; तब-तब मैं मनुष्य का रूप धारण करके पृथ्वी पर आता हूँ और पापियों तथा अत्याचारियों का विनाश करके सज्जनों को सुख प्रदान करता हूँ।'

इस बात को सच करने के लिए सदी के पूर्वार्ध में मनुष्य के रूप में तीन महान् आत्माओं का जन्म हुआ। ये तीन महान् आत्माए थीं—तात्या टोपे, झाँसी की रानी लक्ष्मीबाई और नाना साहब। ये तीनों ईश्वर के अवतार थे या नहीं, यह तो नहीं कहा

जा सकता, लेकिन इतना अवश्य था कि ये तीनों ईश्वर की महान् विभूतियों में से अवश्य थे। धरती पर उन्होंने जो भी कार्य किए, वे अपने लिए न होकर दूसरों के भले के लिए किए गए। वे जीवन-भर देश को आजाद कराने के लिए लड़ते रहे। यहाँ तक कि अपने जीवन की आखिरी साँस तक वे युद्ध ही करते रहे। उनके इस बलिदान का ऋण यह देश कभी नहीं चुका पाएगा। हमें देश के इन महान् योद्धाओं का हमेशा सम्मान करना चाहिए।

उनका जन्म सत्य, न्याय और धर्म की रक्षा के लिए ही हुआ था। उन्होंने अपने महत्त्वपूर्ण कार्यों से तत्कालीन समाज-व्यवस्था को सुधारने और ठीक करने का प्रयास किया। अंग्रेजों ने तो मानो भारतीय समाज को पूरी तरह से नष्ट करने का संकल्प कर रखा था। अंग्रेजी राज्य की जड़ें भारतीय समाज के भीतर तक पहुँच चुकी थीं। वे देश की अर्थव्यवस्था और धर्म पर लगातार प्रहार कर रहे थे। इस कार्य के लिए भारतीयों का खून बहाने में भी उन्हें कोई संकोच या झिझक महसूस नहीं होती थी। वे ऐसे नियम-कानून बना रहे थे कि भारत दिन-पर-दिन कंगाल होता जा रहा था और गरीबी, नफरत और सांप्रदायिक विद्वेष के चक्र में फँसता जा रहा था। अंग्रेज जहाँ हमारे देश को कंगाल बना रहे थे, वहीं यहाँ के पैसे से अपने देश को समृद्ध और अमीर बना रहे थे। अपने देश को धनवान और विकसित करने के लिए उन्होंने हमारे देश के उद्योग-धंधों को नष्ट करना शुरू कर दिया था। अनेक उद्योग केवल नाममात्र के रह गए थे। कपड़ा, कागज, नमक, सुई आदि यहाँ तक कि हमारा देश अपनी आवश्यकताओं की पूर्ति के लिए भी पूरी तरह से इंग्लैंड पर निर्भर हो गया था। हर साल भारत की अरबों रुपए की कमाई इंग्लैंड जा रही थी और भारतवासी पैसे-पैसे को तरस रहे थे।

अंग्रेजों ने अपना माल भारतीय बाजारों में बेचना शुरू कर दिया था, जिसके कारण भारतीयों की धन-दौलत अंग्रेजों के पास पहुँचने लगी थी और अंग्रेज व्यापारी जहाँ अमीर से और अमीर हो रहे थे, वहीं भारतीय व्यापारियों के भूखों मरने की नौबत आ गई थी।

भारत में ईस्ट इंडिया कंपनी के शासन की शुरुआत प्लासी के युद्ध के बाद कलकत्ता से हुई थी। कलकत्ता में कंपनी लोगों को नौकरियाँ दे रही थी। लोग अंग्रेजी सीखकर नौकरियाँ प्राप्त कर रहे थे। नौकरियाँ प्राप्त करनेवाले युवक स्वयं को गौरवशाली समझ रहे थे। इस प्रकार यही प्रवृत्ति दूसरे शहरों में भी बढ़ रही थी, जिसकी वजह से भारतीयों में अंग्रेजों की गुलामी की आदत बढ़ती जा रही थी।

एक अंग्रेज लेखक मैलकम ने लिखा है: "हमने हिंदुस्तानियों को अपना गुलाम बना रखा है। हरेक हिंदुस्तानी हमारी दया का भिखारी है। हमने उनका धन तो छीन ही लिया था, अब उनकी आत्मा को भी छीन लिया है।"

अंग्रेजों ने अपनी भाषा सिखाकर यहाँ के लोगों की सोच और संस्कृति पर भी अपना प्रभाव स्थापित कर लिया था। भारतीय लोगों ने अंग्रेजों जैसे कपड़े पहनने शुरू कर दिए गए थे। उनकी तरह छुरी-काँटों से खाना सीख लिया था। उन्होंने अपने देश की भाषा-संस्कृति आदि सबको भुला दिया था।

अंग्रेजों की इस तरह की नीतियों का शिकार होकर भारत की हालत दिन-पर-दिन खराब हो रही थी। चारों ओर गरीबी और बेकारी का तांडव हो रहा था। हर तरफ अधर्म बढ़ता जा रहा था। शराब, मांस, ताड़ी और जुए का प्रचार बढ़ रहा था। जगह-जगह

कसाईखाने खुल रहे थे, जहाँ भेड़, बकरियों के साथ-ही-साथ गायों को भी काटा जा रहा था। जिसके कारण धर्म भ्रष्ट होता जा रहा था। चारों तरफ अधर्म और भुखमरी फैल रही थी। यहाँ तक कि हिंदुस्तानी सैनिकों को जो कारतूस दिए जाते थे, वे भी गाय और सुअर के मांस के बने होते थे, ताकि लोगों का धर्म भ्रष्ट किया जा सके और ईसाई धर्म को फैलाया जा सके। यहाँ तक कि लोगों का धर्म भ्रष्ट करने के लिए नमक में भी हड्डियों का चूर्ण बनाकर मिलाया जाता था। विभिन्न खाद्य-पदार्थों, घी और तेल आदि में भी सरकार चरबी का प्रयोग कर रही थी। अंग्रेज सरकार दमन के कई तरीके अपना रही थी, ताकि उनका शासन हजारों सालों तक बिना किसी विरोध और रुकावट के चलता रहे।

19वीं सदी में भारत में शिक्षा का स्तर भी बहुत गिरा हुआ था। सरकार केवल अंग्रेजी जाननेवालों को ही नौकरियाँ देती थी तथा अंग्रेजी भाषा के ज्ञान को अनिवार्य बना दिया गया था, ताकि लोग अपनी भाषा को भूलकर केवल अंग्रेजी पढ़ने लगें। यहाँ तक कि जिन अंग्रेजी किताबों को पढ़ाया जाता था, उनका मूल उद्‍देश्य ईसाई धर्म का प्रचार-प्रसार करना होता था। इस कारण भारतीय छात्र स्थानीय हिंदू, आर्य, जैन, बौद्ध आदि धर्मों के बारे में ज्ञान प्राप्त नहीं कर पाते थे। यहाँ तक कि भारतीय धर्मों को नीचा और हीन दिखाया जाता था। धर्म-परिवर्तन के लिए लोगों को प्रलोभन दिए जाते थे। इंग्लैंड से ईसाई धर्म के प्रचारकों को बुलाया जाता था, ताकि वे यहाँ आकर अपने धर्म की अच्छाइयाँ लोगों को बताएँ और अधिक-से-अधिक लोगों को ईसाई बनाने का प्रयास करें। सरकार ने अपनी भाषा का प्रयोग इस नीति से किया कि जिससे भारत में उनकी संस्कृति का प्रसार तेजी से हो और समाज में उनका एक समर्थक वर्ग बन जाए, जो वेश-भूषा में भारतीय हो, परंतु तौर-तरीकों में अंग्रेज।

एक लेखक ने इस संबंध में लिखा है : "अंग्रेजों ने अंग्रेजी शिक्षा के बहाने भारतीय हिंदुस्तानियों को अफीम खिलाई। उन्होंने ईसाइयत का प्रचार करके उनके दिल और दिमाग को भी बदल दिया। जिसकी वजह से लोग तेजी से ईसाई धर्म को स्वीकार कर रहे थे। भारतीय जनसंख्या में ईसाई तेजी से बढ़ते जा रहे थे, जो अंग्रेज सरकार का एक मूल उद्देश्य भी था। अंग्रेजी शिक्षा के प्रसार ने भारत में अनेक परिवर्तन ला दिए थे। अंग्रेजी भाषा में बहुत सी किताबों की व्याख्या की गई थी, जिनमें अपने धर्म के हिसाब से उन्होंने परिवर्तन कर दिया था। बंगाल, मद्रास, असम आदि क्षेत्रों में इसी कारण अधिक संख्या में ईसाई पाए गए, क्योंकि यहाँ अंग्रेजी का प्रसार सबसे ज्यादा हुआ था। अंग्रेजी शिक्षा ने लोगों की सोच में भी परिवर्तन ला दिया था। लोगों को अंग्रेजों का रहन-सहन, खान-पान आदि का तरीका भाने लगा था, इसलिए उन्होंने उनकी नकल करना शुरू कर दिया था। गरीबों और निर्धन लोगों को अंग्रेजों से बड़ी उम्मीद भी थी कि अंग्रेजी पढ़-लिखकर वे सरकारी नौकरी पा सकेंगे और अपने रहन-सहन को भी सुधार सकेंगे।"

जहाँ गरीब और निर्धन लोग अंग्रेजों से रोजगार और अन्य सुविधाओं की उम्मीद लगाए हुए थे, वहीं उच्च और अमीर वर्ग उनसे बहुत सी उम्मीदें पाले हुए थे। कई राजा-महाराजा और नवाब आदि भी अंग्रेजों को खुश करने की कोशिश में लगे रहते थे, क्योंकि खुश होकर अंग्रेज उन्हें उपाधियाँ देते थे। जिन पर अंग्रेजों की दया हो जाती थी, उन्हें रायसाहब, सर, रायबहादुर आदि उपाधियाँ प्रदान की जाती थीं। ये उपाधियाँ पाने के लिए लोग लाखों रुपए खर्च भी कर देते थे। सरकार इन उपाधियों के माध्यम से ही लाखों रुपए के वारे-न्यारे कर लेती थी। वहीं समाज में इस आधार पर भेदभाव उत्पन्न हो जाता था, क्योंकि जो व्यक्ति इन उपाधियों को प्राप्त कर लेता था, वह

स्वयं को दूसरों से अलग और श्रेष्ठ मानने लगता था। उसे यह महसूस होता था जैसे वह समाज का ही नहीं, बल्कि देश का भी सम्मानित व्यक्ति बन गया हो।

इस प्रकार सरकार समाज में भेदभाव उत्पन्न कर रही थी, ताकि समाज में एकता स्थापित न हो सके और लोग आपस में बँटे रहें। धीरे-धीरे सरकार ने समाज में एक ऐसा वर्ग तैयार कर

अवध के नवाब वाजिदअली शाह

लिया, जो पहनावे, वेशभूषा, खान-पान में तो भारतीय था, लेकिन मन और दिमाग से अंग्रेजों का समर्थक बन गया था। यही कारण था कि सरकार सफलतापूर्वक और मनमानी निर्दयता के साथ देशभक्तों और देशप्रेमियों को दबा और कुचल रही थी, ताकि समाज में कोई भी उनका विरोध न कर सके और उनका शासन आसानी से चलता रहे। उनके द्वारा किए गए अनेक युद्ध भी इसी बात के प्रमाण थे। इन युद्धों द्वारा समाज में अपने विरोधी वर्गों को पूरी तरह से कुचल दिया गया था। अंग्रेजी शिक्षा ने जहाँ लोगों की सोच को प्रभावित किया था, वहीं उनके द्वारा फैशन को भी बढ़ावा दिया गया। अंग्रेजी पढ़े-लिखे लोगों ने अंग्रेजी ढंग के कपड़ों को भी अपना लिया था। उस समय शृंगार और फैशन की अधिकतर वस्तुएँ इंग्लैंड से आती थीं। इन वस्तुओं पर भी काफी पैसा बरबाद किया जाता था।

इस प्रकार अंग्रेजों ने अर्थव्यवस्था के साथ-साथ सामाजिक ताना-बाना भी चौपट कर दिया था। भारत, कभी कपड़ों का बड़ा निर्यातक देश था लेकिन अंग्रेजों ने इस स्थिति में पहुँचा दिया था कि अब वह इंग्लैंड के कपड़ों का बहुत बड़ा आयातक देश बन गया था।

अंग्रेजों ने जहाँ अर्थव्यवस्था को बिगाड़ा, वहीं राजनीतिक व्यवस्था भी गड़बड़ा गई थी। अनेक राजा और नवाब सरकार से खुश नहीं थे, इस वजह से सरकार के खिलाफ षड्यंत्र भी रचते रहते थे। भारत की राजनीतिक स्थिति बहुत डाँवाँडोल थी।

पेशवा के समय में पूना राज्य बहुत शक्तिशाली था, इसलिए अंग्रेज सरकार को पेशवा से चौकन्ना रहना पड़ता था। उन्हें पेशवा का दरबार अपने हित में नहीं लगता था, इसलिए वह उस पर कड़ी

मुगल सम्राट् बहादुरशाह जफर द्वितीय

नजर रखती थी। उस समय पेशवा बाजीराव सिंहासनासीन थे, जो योद्धा तो थे ही, परम देशभक्त भी थे। वे अपने राज्य का विस्तार कर रहे थे, जिसकी वजह से अंग्रेज सरकार को उन पर नियंत्रण रखने का कड़ा प्रयास करना पड़ रहा था। यद्यपि पेशवा की स्थिति अब पहले जैसी मजबूत नहीं रह गई थी, परंतु पूरे महाराष्ट्र में उनका अभी भी वैसा ही सम्मान था, जैसा पहले हुआ करता था। अंग्रेज सरकार को उनका यह प्रभाव अच्छा नहीं लगता था। वह पेशवा साम्राज्य को अपने अधीन करने की जुगत में लगी रहती थी।

अंग्रेजों के अनुसार पेशवा साम्राज्य उनके लिए उपयुक्त नहीं था, क्योंकि महाराष्ट्र के पेशवा भारत की स्वतंत्रता और आजादी के लिए युद्ध करते चले आ रहे थे। वे पूरे भारत में अपना राज्य फैलाना चाहते थे। ऐसे में उनके हित भारत में अंग्रेजों के हितों से टकरा रहे थे। इसके अलावा एक यह भी मुख्य कारण था कि पेशवा बाजीराव एक सच्चे देशभक्त थे, ऐसे में वे अपने राज्य और देश के लिए लड़ने-मरने के लिए भी तैयार रहते थे। पेशवा बाजीराव अपने फैसले स्वयं लेते थे। यह बात भी अंग्रेजों को

बाजीराव पेशवा द्वितीय

चुभती थी। इससे उनके और अंग्रेजों के बीच नफरत बढ़ती ही जा रही थी। अंग्रेज सरकार ऐसी योजनाएँ बना रही थी कि किसी तरह वह पेशवा शक्ति का अंत कर सके और इस शासन-व्यवस्था को जड़ से उखाड़कर फेंक सके।

अंग्रेज सरकार और उसके जनरल ऐसे कार्य कर रहे थे, जिससे देशभक्तों का शासन समाप्त हो जाए। इसी उद्‌देश्य को पाने के लिए कई नीतियाँ बनाई गईं। जैसे प्लासी के युद्ध के बाद पश्चिम बंगाल के राज्य को अंग्रेजों ने अपने कब्जे में कर लिया और वहाँ अपनी पसंद का नवाब बनवा दिया, जो उनकी इच्छा से शासन चलाता था। उसके बाद मुर्शिदाबाद के देशभक्त नवाब को भी गद्‌दी से उतार दिया गया और वहाँ भी अंग्रेजों ने अपनी पसंद का नवाब बैठा दिया।

अंग्रेज जनरलों ने अनेक नीति तथा सिद्धांत भी बनाए, जो कंपनी सरकार के पक्ष में थे। इन नीतियों की आड़ में सरकार ने कई राज्य हड़प लिये और उन पर अपना प्रभाव स्थापित कर लिया।

अवध के नवाब वाजिदअली शाह का बड़ा नाम था। पूरे अवध में उनका सिक्का चलता था। उनका प्रभाव अवध के अलावा उसके आसपास के क्षेत्रों में भी था। उनके कारनामों के चर्चे पूरे भारत में हुआ करते थे। इनके दरबार में अनेक वीर योद्धा भी थे, जो अपने राज्य की खातिर मर मिटने को तैयार रहते थे। इस कारण अंग्रेजों को यह बहुत खटकता था। सरकार कोई-न-कोई बहाना बनाकर इसे भी हड़पना चाहती थी। बक्सर के युद्ध के बाद नवाब की स्थिति कमजोर हो गई। इसका फायदा उठाकर अंग्रेजों ने कुप्रबंधन के नाम पर अवध के राज्य को हथिया लिया तथा नवाब के साथ जो बुरा व्यवहार किया गया, उसका वर्णन इतिहास के पन्नों में आज भी देखने को मिल सकता है।

दिल्ली में उस समय तक मुगलवंश का केवल नाम ही रह गया था। उसका अंतिम सम्राट् बहादुरशाह जफर द्वितीय शासन कर रहा था, लेकिन उसका शासन सिमटकर दिल्ली और उसके आसपास

तक ही सीमित रह गया था। उसके पास कोई संप्रभु अधिकार नहीं था। वह बूढ़ा और कमजोर था। घर की आपसी लड़ाई ने इस साम्राज्य को क्षीण कर दिया था। अंग्रेजों ने धोखे से उसके सारे अधिकार छीन लिये थे। वह किले में बंद अपने दुर्भाग्य पर आँसू बहाया करता था, जबकि अंग्रेज उसकी हालत देखकर कहकहे लगाते थे।

झाँसी का राज्य भी अंग्रेजों के अत्याचारों का शिकार बना जिसके कारण वहाँ भी उनके खिलाफ बगावत की आवाज उठने लगी थी। झाँसी के राजा गंगाधर राव ने अपने जीते-जी ही एक पुत्र गोद ले लिया था, लेकिन अंग्रेजों ने राजा की मृत्यु के बाद उसे उत्तराधिकारी नहीं माना और झाँसी को अपने साम्राज्य में मिलाने की घोषणा कर दी। जिसकी वजह से वहाँ से विद्रोह की आवाज उठी और इस विद्रोह का नेतृत्व स्वयं झाँसी की रानी लक्ष्मीबाई ने किया। लक्ष्मीबाई ने अंग्रेजों के अत्याचारों का मुँहतोड़ जवाब दिया। अंग्रेजों ने हड़प (लैप्स) नीति के अधीन झाँसी का राज्य अपने शासन में मिला लिया था।

अंग्रेजों ने इसी बीच एक सहायक संधि की शुरुआत की, जिसे शुरू करनेवाला गवर्नर जनरल लॉर्ड वेलेजली था। इस संधि की आड़ में सरकार ने अनेक राज्यों पर अपना अप्रत्यक्ष प्रभाव स्थापित कर लिया था। इस संधि के अनुसार कोई भी राज्य अंग्रेजों से बिना पूछे किसी अन्य राज्य के साथ संधि-समझौते आदि नहीं कर सकता था और वह अंग्रेज सरकार को देश की सर्वोच्च शक्ति के रूप में स्वीकार करने को बाध्य था। अपने राज्य में राजा को अपने खर्चे पर एक सेना भी रखनी पड़ती थी, जो 'अंग्रेजों की सेना' कहलाती थी। इस प्रकार इस संधि के बाद राज्य की सारी आजादी समाप्त हो गई थी और राजा केवल नाम के ही राजा रह

गए थे, जबकि वास्तविक राजा अंग्रेज हो गए थे। इस संधि के बाद अनेक राज्य जैसे हैदराबाद का निजाम, मैसूर के शासक आदि ने अपनी सारी शक्तियाँ अंग्रेजों को सौंप दी थीं।

इसी प्रकार लॉर्ड डलहौजी द्वारा लैप्स की नीति अपनाई गई। इसके अंतर्गत अगर किसी राजा की अपनी कोई संतान नहीं होती थी तो उसके द्वारा गोद लिये गए बेटे को उत्तराधिकारी नहीं माना जाता था और उस राजा के राज्य को अंग्रेज सरकार अपने राज्य में मिला लेती थी। इस प्रकार अंग्रेज साम्राज्य का सतत विस्तार किया जा रहा था। इसी क्रम में झाँसी, नागपुर, सतारा आदि राज्यों को अंग्रेज साम्राज्य का हिस्सा बना दिया गया था।

इसी प्रकार की और भी कई घटनाएँ थीं, जो उस समय देश में घट रही थीं, जिससे बहुत से राजा अंग्रेजों से क्रुद्ध हो गए थे। अंग्रेजों ने इसी क्रम में पूना को भी हड़पना चाहा था, क्योंकि वह उनके लिए एक सिरदर्द बना हुआ था। वे मौके की तलाश में थे कि किसी तरह से पूना पर उनका नियंत्रण स्थापित हो सके। एक दिन एक बड़ी सेना लेकर अंग्रेजों ने पूना पर धावा बोल दिया तथा कुटिलता से पेशवा को हरा दिया। यद्यपि पेशवा ने बड़ी बहादुरी से अंग्रेज सेना का मुकाबला किया था, लेकिन आधुनिक शस्त्रों की कमी के कारण वे पराजित हो गए। अंग्रेजों का पूना पर अधिकार हो गया। युद्ध के बाद दोनों पक्षों में एक समझौता हुआ, जिसमें निम्न शर्तें रखी गईं—

(1) बाजीराव पेशवा पूना के बाहर किसी तीर्थस्थान पर जाकर रहेंगे।

(2) तीर्थस्थान को चुनने का अधिकार बाजीराव पेशवा का अपना होगा।

(3) अंग्रेज सरकार बाजीराव पेशवा को 8 लाख रुपए वार्षिक पेंशन देगी।

(4) पेशवा जिस स्थान पर रहेंगे, वहाँ एक अंग्रेज अधिकारी भी उनके साथ रहेगा।

इन शर्तों के अंतर्गत बाजीराव पेशवा पूना से मथुरा चले गए और अपना बाकी जीवन वहाँ बिताना शुरू कर दिया, लेकिन वहाँ उनका मन नहीं लगा। वे वहाँ से दूसरी जगह जाना चाहते थे, इसलिए उन्होंने अंग्रेज सरकार को पत्र लिखा कि वे मथुरा छोड़कर बिठूर जाना चाहते हैं। बिठूर कानपुर जिले में एक पवित्र स्थान है, जो गंगा नदी के किनारे पर स्थित है। सरकार ने उन्हें बिठूर जाने की आज्ञा दे दी, तब बाजीराव पेशवा अपने परिजनों के साथ बिठूर चले गए। बिठूर में रहने के लिए उन्होंने एक महल बनवाया। इसके साथ ही मंदिर और सभागार बनवाए। इनके अलावा गंगा नदी के किनारे पक्के घाटों का निर्माण करवाया। उन्होंने बिठूर में पूरे ठाट-बाट का इंतजाम कर लिया था। वहाँ वे रोज दरबार लगाते थे। लोगों की समस्याएँ भी हल करते थे। बिठूर में कमिश्नर रैंक का एक अंग्रेज अफसर भी रहा करता था, जो उनकी गतिविधियों पर नजर रखता था।

पेशवा बाजीराव देशभक्त तो थे ही, धार्मिक व्यक्ति भी थे। वे रोजाना लोगों की भलाई के कार्य करते थे। वे अनेक धार्मिक कर्मकांड करते थे। सबसे पहले प्रतिदिन भगवान शिव की आराधना करते थे, फिर गरीबों की मदद करना तथा विधवाओं और अनाथों को सहायता देना उनका रोज का कार्य था। पेशवा की अपनी कोई संतान नहीं थी। यद्यपि पुत्र पाने के लिए उन्होंने ग्यारह विवाह किए थे, परंतु इसके बाद भी उनका कोई पुत्र नहीं हुआ। केवल दो

पुत्रियाँ थीं, जो विवाह के बाद अपने घर चली गई थीं। उन्होंने पाँच विवाह पूना में और छह बिठूर में किए थे, लेकिन इसके बाद भी उनका महल पूरी तरह सूना था, पुत्र न होने की चिंता उनको सता रही थी। इसके लिए अनेक तरीके भी अपनाए गए। आखिरकार उन्होंने माधो नारायण राव भट्ट के पुत्र नाना साहब को गोद ले लिया। उस समय नाना साहब की उम्र तीन या चार साल की थी। वे बाजीराव पेशवा को बड़े होनहार लगते थे।

उपर्युक्त सभी राजनीतिक परिस्थितियाँ दिखाती हैं कि देश में किस प्रकार का वातावरण था, जिसमें लोग सरकार के अत्याचारों से दुःखी थे और चाहते थे कि कोई उनको अत्याचारों से मुक्ति दिलाए। इन परिस्थितियों में ही तात्या टोपे जैसे महान् व्यक्ति का जन्म हुआ, जिन्होंने लोगों की परेशानियों को दूर करने के लिए जीवनपर्यंत संघर्ष किया। उनके अथक प्रयासों का ही परिणाम था कि भारतवासियों को अंग्रेजों के खिलाफ विद्रोह करने की प्रेरणा मिली। तात्या टोपे ने अनेक महान् व्यक्तियों के साथ मिलकर आजादी के प्रथम स्वतंत्रता संग्राम की रूपरेखा तैयार की और उसको अंजाम दिया। इस विद्रोह में उनका योगदान बहुत उल्लेखनीय रहा।

❑

4

सामाजिक एवं राजनीतिक जीवन

बाजीराव पेशवा जब बिठूर आकर रहने लगे तो कुछ दिनों तक अंग्रेजों ने उन पर कड़ी नजर रखी, परंतु जब उन्होंने किसी प्रकार की कोई विद्रोहात्मक काररवाई नहीं की तो सरकार ने न केवल अंग्रेज अफसर को हटा लिया, बल्कि उनको आसपास के गाँवों का शासन भी सौंप दिया। वे शासन ठीक ढंग से चला रहे थे। अंग्रेज सरकार उनकी तरफ से पूरी तरह निश्चिंत हो गई थी कि वे सरकार के खिलाफ कोई काररवाई नहीं करेंगे। बिठूर के समीपवर्ती गाँवों की शासन-व्यवस्था ठीक ढंग से चल रही थी। अंग्रेजों ने वहाँ से अपना ध्यान पूरी तरह हटा लिया था। आसपास भी अंग्रेज नहीं रहते थे, लेकिन कानपुर में अंग्रेज बहुत बड़ी संख्या में मौजूद थे, क्योंकि वहाँ कई बड़े सरकारी दफ्तर थे। इन दफ्तरों में अनेक अंग्रेज अफसर काम करते थे। कानपुर में सरकार ने कलेक्टरी, दीवानी और तहसीलदारी आदि कचहरियाँ बना रखी थीं। इस कारण वहाँ पर अनेक अंग्रेज उच्चाधिकारी रहते थे। वहाँ फौजी छावनी भी थी, जहाँ बड़ी संख्या में अंग्रेज अफसर थे। इसके अलावा वहाँ सरकारी कोष

भी था, सरकारी टकसाल भी थी, इसलिए कानपुर अंग्रेजों के लिए प्रशासनिक रूप से एक महत्त्वपूर्ण जगह थी।

बड़ी संख्या में अंग्रेजों के कानपुर में रहने से वहाँ भारतीय सभ्यता और संस्कृति भी बड़ी तेजी से संक्रमित हो रही थी। अंग्रेजी तौर-तरीकों का यहाँ तेजी से विस्तार हो रहा था। अंग्रेजों के लिए यहाँ अनेक क्लब खुले हुए थे, जहाँ उनके मनोरंजन के साधन तो उपलब्ध थे और, साथ ही कई अन्य सुविधाएँ भी मौजूद थीं। इन क्लबों में नाच-गाने का भी प्रबंध हुआ करता था। जहाँ आधी रात तक नाच-गाना चलता था। आमतौर पर रोजाना पार्टियाँ हुआ करती थीं। कई बार बाजीराव पेशवा को भी इन पार्टियों का निमंत्रण प्राप्त हुआ, परंतु वे इन पार्टियों में नहीं जाते थे।

वे ऐसा क्यों करते थे, इस बारे में उन्होंने कोई सही कारण नहीं बताया। कुछ लोगों का मानना था कि शायद वे दासता की पीड़ा से दुःखी थे, क्योंकि उन्हें अंग्रेजों की दासता में जीना पड़ रहा था, जो उनकी मजबूरी थी। उनका मन अशांत रहता था। वे भीतर-ही-भीतर गुलामी के घाव से पीड़ित थे, जिसके कारण वे हमेशा दुःखी रहते थे।

उन्होंने इन नई आदतों को कभी नहीं अपनाया था, जबकि नाना साहब उनके विपरीत थे। नाना साहब को अंग्रेजों का साथ अच्छा लगता था। वे अपना जीवन खुशी और आनंद के साथ बिताना चाहते थे, इसलिए वे कानपुर में अकसर नृत्य और संगीत के कार्यक्रमों में भाग लेते थे। वे अंग्रेजों के अन्य कार्यक्रमों में भी भाग लेते थे। क्लबों में भी जाते थे और कई अंग्रेज उनके घनिष्ठ मित्र थे। नाना स्वयं बिठूर में पार्टियाँ आयोजित करते थे, जिनमें कई अंग्रेज अफसर शामिल होते थे। तात्या सब जगह सदैव उनके साथ रहते थे, लेकिन

नाना साहब

वे कभी राग-रंग की पार्टियों में भाग नहीं लेते थे। न ही वे अंग्रेजों के साथ दोस्ती करने के इच्छुक थे। तात्या नाना साहब को सलाह देते थे कि वे अंग्रेजों से अधिक दोस्ती न रखें। वे अंग्रेजों को सच्चा मित्र नहीं मानते थे, बल्कि उन्हें देश के दुश्मन के तौर पर देखते थे, क्योंकि वे देश को लूट रहे थे और भारतीयों पर अत्याचार कर रहे

थे। इस कारण तात्या टोपे ने अंग्रेजों का हमेशा विरोध किया।

18 जनवरी, 1851 को पेशवा बाजीराव के स्वर्गवास के बाद उनके उत्तराधिकारी के तौर पर नाना साहब को सिंहासन पर बैठा दिया गया, तात्या उनके कार्यों में हरसंभव मदद करते थे। बिठूर क्षेत्र में अब नाना साहब का प्रभाव स्थापित हो गया था। वहाँ नाना की आज्ञा का पालन किया जाता था। यद्यपि बिठूर के लोगों ने नाना को शासक के रूप में स्वीकार कर लिया था, लेकिन अंग्रेजों ने उनको विधिवत् उत्तराधिकारी नहीं माना था, क्योंकि तब लैप्स का सिद्धांत जारी हो चुका था। जिसके अनुसार, गोद लिये हुए पुत्र को उत्तराधिकारी स्वीकार नहीं किया जा सकता था। इस वजह से अंग्रेजों और नाना साहब के बीच मतभेद उभर आए थे। नाना साहब ने तात्या टोपे को अपना सलाहकार नियुक्त कर लिया था। वे उनके मित्र भी थे और उनकी सलाह के बिना कोई राजकीय निर्णय नहीं करते थे। वे तात्या का आदर भी करते थे, क्योंकि वे उम्र में उनसे बड़े भी थे और उनके विश्वासपात्र भी।

संधि के अनुसार, अंग्रेज सरकार बाजीराव पेशवा को 8 लाख रुपए वार्षिक पेंशन देती थी। यह पेंशन उनके जीवित रहने तक सरकार बराबर देती रही, लेकिन 1851 में उनकी मृत्यु के बाद सरकार ने पेंशन देना बंद कर दिया, क्योंकि अंग्रेजों ने नाना साहब को उनका उत्तराधिकारी नहीं माना था। इसके साथ ही यह भी कहा गया कि जो संपत्ति, जमीन-जायदाद उनके पास है, वह उनके जीवन-निर्वाह के लिए पर्याप्त है, इसलिए अब उन्हें आगे कोई पेंशन नहीं दी जाएगी। उनके उत्तराधिकारी होने के कागजात जब सरकार के पास पहुँचाए गए तो अंग्रेज सरकार ने उन्हें जाली करार दिया।

नाना साहब को अंग्रेजों का यह व्यवहार बड़ा अजीब लगा। यह पहला अवसर था, जब अंग्रेजों ने उनको इस प्रकार चोट पहुँचाई थी।

वे तो अंग्रेजों को अपना अच्छा मित्र और हितैषी समझा करते थे, लेकिन अब उनका वह भ्रम टूट गया था। सरकार ने उनकी सारी अर्जियाँ नामंजूर कर दीं। यहाँ तक कि नाना साहब ने अपने अंग्रेज मित्रों की सिफारिशों का भी प्रयोग किया, लेकिन सरकार के कान पर जूँ तक नहीं रेंगी। अंग्रेज सरकार अपने फैसले पर अडिग रही। यह फैसला लॉर्ड डलहौजी की लैप्स नीति के अंतर्गत लिया गया था।

नाना साहब स्वयं को बाजीराव पेशवा का उत्तराधिकारी सिद्ध करने के सारे दावे पेश कर रहे थे, लेकिन सरकार उन्हें खोखला और झूठा मान रही थी। नाना साहब ने बड़े-बड़े अंग्रेज अफसरों के दरवाजे खटखटाए, लेकिन उन्हें हर जगह निराशा ही हाथ लगी। जिन अंग्रेज मित्रों को वे दावत देते थे और जिनकी दोस्ती पर उनको बड़ा गर्व था, उनका व्यवहार बड़ा रूखा हो गया था। अंग्रेज दोस्तों के इस उपेक्षित व्यवहार से नाना साहब को बड़ा दुःख पहुँचा था। वे बहुत व्याकुल और बेचैन थे। वे किसी तरह से अपनी पेंशन को बहाल कराना चाहते थे। नाना साहब ने स्वयं ईस्ट इंडिया कंपनी के मुख्यालय में जाकर प्रार्थना की और दावे प्रस्तुत किए मगर सब व्यर्थ गया।

जब सब उपाय निष्फल गए और अंग्रेज सरकार किसी भी प्रकार से उनकी बात सुनने को तैयार नहीं हुई तो मित्रों और शुभचिंतकों की सलाह पर उन्होंने इंग्लैंड में ईस्ट इंडिया कंपनी के प्रधान दफ्तर में अपील करने का निर्णय किया। इस अपील के लिए उन्होंने अजीमुल्ला खाँ को इंग्लैंड भेजा।

अजीमुल्ला खाँ एक नेक और ईमानदार इनसान थे और सबसे बड़ी बात यह कि वे एक सच्चे देशभक्त मुसलमान थे। उन्होंने काफी समय बिठूर में नाना साहब की देख-रेख में ही बिताया था, इसलिए वे नाना साहब के अहसानमंद भी थे। इसके साथ ही उनका व्यक्तित्व

बहुत ही आकर्षक और प्रभावशाली था। वे अंग्रेजी भाषा में भी निपुण थे।

अजीमुल्ला खाँ का आरंभिक जीवन इतना प्रभावशाली नहीं था। वे एक साधारण परिवार से संबंधित थे, इस कारण अपनी शिक्षा पूरी करने में भी उन्हें अनेक परेशानियों का सामना करना पड़ा था। बचपन में उन्होंने होटलों में काम किया। इसके अलावा अंग्रेजों के यहाँ भी नौकरी की। अंग्रेज अफसरों के यहाँ काम करने के दौरान ही उन्होंने फ्रेंच और अंग्रेजी भाषाएँ सीखीं। इसके बाद पढ़ाई के लिए वे कानपुर चले गए। कानपुर में उन्होंने अंग्रेजी की औपचारिक शिक्षा प्राप्त की और अध्यापक की नौकरी करने लगे। नौकरी के दौरान ही वे नाना साहब के संपर्क में आए। नाना साहब उनके व्यक्तित्व से बहुत प्रभावित हुए और उन्होंने अजीमुल्ला खाँ को अपने यहाँ बिठूर बुला लिया।

अजीमुल्ला खाँ नाना साहब की पैरवी करने इंग्लैंड पहुँचे। वहाँ उन्होंने काफी दौड़-धूप की। इसी चक्कर में दो-तीन महीने निकल गए। वे कंपनी के दफ्तर में जाते और वहाँ बड़े अफसरों से बातचीत करते। वे उन्हें समझाने का प्रयास करते कि नाना साहब ही बाजीराव पेशवा के वास्तविक उत्तराधिकारी हैं तथा उन्हें पेंशन प्रदान की जानी चाहिए। अजीमुल्ला खाँ के तर्कों को कंपनी के अफसरों ने सुना तो सही, परंतु उन पर कान नहीं दिया। उन्होंने अपना निर्णय बदलने का कोई प्रयास नहीं किया। वे अपने फैसले को सही ठहराते रहे। आखिरकार अजीमुल्ला खाँ पूरी तरह से निराश हो गए और हताश होकर भारत लौट आए।

पेंशन के मामले में नाना साहब को हर तरफ से निराशा ही हाथ लगी थी। आखिर में निराश होकर वे चुप बैठ गए। उन्हें अंग्रेजों

पर बहुत क्रोध आ रहा था। उन्होंने सभी अंग्रेजों से दोस्ती तोड़ ली और उनके साथ उठना-बैठना समाप्त कर दिया। पार्टियों के कार्यक्रम दोनों ओर से चलने बंद हो गए। अब न तो उन्हें अंग्रेजों का बुलावा आता था और न ही वे अंग्रेजों को अपने यहाँ बुलाते थे। नाना साहब पूरी तरह से अंग्रेजों के विरुद्ध हो चुके थे। अंग्रेजों के प्रति उनकी नफरत बढ़ती ही जा रही थी।

ईस्ट इंडिया कंपनी ने और आगे बढ़ते हुए नाना साहब के साथ-साथ शिवाजी के वंशजों की भी पेंशन बंद कर दी। अतः वे भी अपनी पेंशन बहाली का प्रयास कर रहे थे। भारत में उनकी सुनवाई नहीं हुई तो उन्होंने ऊपर अपील के लिए रंगोजी बापू को इंग्लैंड भेजा, लेकिन रंगोजी बापू के साथ भी वैसा ही व्यवहार किया गया, जैसा अजीमुल्ला खाँ के साथ किया गया था। इस तरह अजीमुल्ला और रंगोजी बापू दोनों अंग्रेज सरकार के व्यवहार से बहुत निराश हुए। संयोग से दोनों की मुलाकात इंग्लैंड में ही हो गई। दोनों ने परस्पर अपने अनुभव बाँटे। अंग्रेजों के रवैए से दोनों बहुत नाराज और दुःखी थे। उन्हें लग रहा था कि जब तक अंग्रेज भारत में रहेंगे, इसी तरह का अत्याचार किसी-न-किसी पर करते रहेंगे। इंग्लैंड से वापस आने के बाद वे कोई ऐसी योजना बनाना चाहते थे, जिससे अंग्रेजों को भारत से जल्दी-से-जल्दी बाहर निकाला जा सके।

रंगोजी बापू इंग्लैंड से भारत आकर सीधे सतारा चले गए, जबकि अजीमुल्ला खाँ इंग्लैंड से पहले रूस गए और उसके बाद तुर्किस्तान। वहाँ अजीमुल्ला खाँ ने प्रयास किया कि रूस और तुर्किस्तान के लोग तथा वहाँ की सरकारें अंग्रेजों को हटाने में उनकी मदद करें। उन्होंने रूस के अधिकारियों से बातचीत की और अपने यहाँ की परिस्थितियों से उन्हें अवगत कराते हुए भारतीयों पर हो रहे अन्याय और अत्याचार का विवरण दिया।

बेगम हजरत महल

अजीमुल्ला खाँ यद्यपि अपने प्रयास में सफल नहीं हुए, क्योंकि किसी भी सरकार ने उनकी मदद नहीं की, लेकिन उनका प्रयास पूरी

तरह व्यर्थ भी नहीं गया। उन्हें लोगों की सहानुभूति तो भरपूर मिली, मगर किसी ने सहायता का वायदा नहीं किया। वहाँ की सरकारें व्यर्थ में इंग्लैंड की सरकार के साथ उलझना नहीं चाहती थीं। अतः उनका यह मिशन असफल रहा और वे खाली हाथ भारत लौट आए। इस घटना के बाद अंग्रेजों के प्रति नाना साहब की नाराजगी और असंतोष और बढ़ गया। उन्होंने तात्या टोपे से मिलकर अंग्रेजों को भारत से बाहर निकालने की योजना बनानी शुरू कर दी।

उस समय भारत का माहौल भी उनके अनुकूल था। लोग अंग्रेजी सरकार के दमन और अत्याचारों से दुःखी थे और उसे हटाने के लिए बेचैन दिख रहे थे। इसी दौरान देश में कुछ ऐसी घटनाएँ घटीं, जिन्होंने नाना साहब और तात्या टोपे को स्वतंत्रता के संघर्ष के लिए तीव्र रूप से प्रेरित किया। कुछ घटनाएँ इस प्रकार थीं–

(1) अंग्रेजों ने दिल्ली के मुगल बादशाह बहादुरशाह जफर को अपने हाथों की कठपुतली बना लिया था और उनके सारे अधिकार छीन लिये थे। अब वे नाममात्र के लिए हिंदुस्तान के शासक रह गए थे, जिनके पास कोई संप्रभु शक्ति नहीं थी। वे दिल्ली के लाल किले में बैठे आँसू बहाया करते थे। उनके पास लड़ने की भी शक्ति नहीं थी, क्योंकि वे स्वयं वृद्ध और कमजोर हो चुके थे। गम-ए-दिल को बहलाने के लिए शेर-ओ-शायरी लिखा करते थे। वे भी अंग्रेज सरकार के खिलाफ थे और अंग्रेजी शासन को समाप्त करने के इच्छुक थे, ताकि उन्हें उनकी पुरानी स्थिति वापस प्राप्त हो सके।

(2) अंग्रेजों ने लखनऊ के नवाब वाजिदअली शाह को गद्दी से उतारकर देश से बाहर निकाल दिया था। इस वजह से लखनऊ के लोग अंग्रेज सरकार का विरोध कर रहे थे। वे नवाब की वापसी चाहते थे, ताकि शासन को ठीक ढंग से चलाया जा सके, लेकिन

सरकार यह नहीं चाहती थी। इसी कारण नवाब वाजिदअली शाह की पत्नी बेगम हजरत महल शासन और अधिकारों की पुनः प्राप्ति हेतु अंग्रेजों के खिलाफ योजना बना रही थीं।

(3) अंग्रेजों ने लैप्स नीति अपनाकर झाँसी का राज्य भी हड़पने की योजना बनाई, क्योंकि राजा गंगाधर राव की मृत्यु के समय उनका भी अपना कोई पुत्र नहीं था, इसलिए उन्होंने एक पुत्र गोद ले लिया था। उनकी मृत्यु के बाद अंग्रेजों ने उनके दत्तक पुत्र को राजा मानने से इनकार कर दिया था। इसी कारण झाँसी की रानी लक्ष्मीबाई ने अंग्रेजों के खिलाफ विद्रोह करने की ठान ली थी और अपने दत्तक पुत्र दामोदर राव को उत्तराधिकारी बनाने के लिए अंग्रेजों से युद्ध की तैयारी करने लगी थीं।

इन घटनाओं के अलावा भारतीय समाज में अंग्रेजों के प्रति नफरत की जो भावना बढ़ रही थी, वह भी नाना साहब को अपने अधिकारों के लिए संघर्ष करने के लिए प्रेरित कर रही थी।

अंग्रेजों के बढ़ते शोषण और अत्याचारों से लोगों का रोष दिन-प्रतिदिन ईस्ट इंडिया कंपनी के खिलाफ बढ़ रहा था। ऐसे नाजुक माहौल में लोगों का गुस्सा किसी भी समय ज्वालामुखी के रूप में फूट सकता था। बस लोगों को इकट्ठा और एकजुट करनेवालों की जरूरत थी।

नाना साहब और तात्या टोपे ने इस काम की शुरुआत की।

नाना साहब को तात्या और उनके मित्रों ने अपने अधिकारों तथा देश की स्वतंत्रता के लिए युद्ध करने की प्रेरणा दी। उनकी प्रेरणा ने उन्हें बिठूर में बैठे-बैठे ही यह निर्णय करने के लिए प्रेरित किया कि चाहे उन्हें कितनी ही परेशानियों का सामना करना पड़े, वे अंग्रेजों को इस देश से निकालकर ही रहेंगे। उनके इस निर्णय में

तात्या टोपे भी उनके साथ थे। वे तो पहले ही अंग्रेजों के खिलाफ थे। वे अकसर उनको समझाते भी थे कि अंग्रेज विश्वास के योग्य नहीं हैं तथा मौकापरस्त हैं। जहाँ उनका फायदा होता है, उसी का साथ देते हैं। उस समय नाना साहब ने उनकी इस सलाह को नहीं माना था, लेकिन अब वे अपना हर फैसला तात्या टोपे की सलाह के बाद ही किया करते थे।

नाना साहब ने अब दृढ़ संकल्प कर लिया था कि वे हर हाल में अंग्रेजों को इस देश से बाहर निकालकर ही दम लेंगे, चाहे इसके लिए उन्हें कोई भी कीमत क्यों न चुकानी पड़े। अंग्रेजों ने देश के उद्योग-धंधों को बरबाद कर दिया था। देश में विकास के स्थान पर भुखमरी, गरीबी, बेकारी, बेरोजगारी बड़ी तेजी से फैली थी। अंग्रेजों के साम्राज्य में भारतीयों को जीने के मूलभूत अधिकार भी नहीं मिल पा रहे थे।

अपनी योजना के कार्यान्वयन के लिए नाना साहब को कुछ सच्चे साथियों और मित्रों की भी आवश्यकता थी, जो हर परिस्थिति में उनका साथ निभाने के लिए तैयार हों। इसके लिए उन्हें कुछ सहयोगी मिल भी गए। तात्या टोपे तो स्वयं उनके मित्र और बड़े भाई के समान हमेशा उनके साथ थे ही तथा झाँसी की रानी लक्ष्मीबाई उनकी मुँहबोली बहन भी उनके साथ थीं। इनके अलावा कुछ भारतीय नेताओं ने भी उनका साथ दिया, जिनके साथ अंग्रेजों ने अच्छा व्यवहार नहीं किया था। वे सभी मिलकर अंग्रेजों को देश से बाहर निकालने की गुप्त योजना बनाने लगे।

योजना के कार्यान्वयन के लिए 1 जून की तारीख भी निश्चित कर दी गई, लेकिन इस युद्ध का गुपचुप प्रचार कैसे किया जाए? देश के लोगों को इसके बारे में कैसे जागरूक और प्रेरित किया जाए?

युद्ध के लिए संसाधन कैसे जुटाए जाएँ? योजना को गुप्त किस तरह रखा जाए, ताकि अंग्रेजों को भनक न मिले? इस प्रकार की अनेक समस्याएँ भी नाना साहब के सामने आ रही थीं।

इस योजना के गुपचुप प्रचार-प्रसार के लिए नाना साहब ने सबसे पहले अपने मित्रों को पत्र लिखे। इसके बाद देश के अनेक राजाओं और नवाबों को पत्र लिखकर अंग्रेजों के खिलाफ एकजुट होने के लिए प्रेरित किया तथा उनसे युद्ध में सहयोग देने की विनती की।

पत्र में लिखा गया था : "अंग्रेजों के अत्याचार दिन-पर-दिन बढ़ते जा रहे हैं। वे न केवल हमारे आर्थिक हितों को नुकसान पहुँचा रहे हैं, बल्कि देश के राजनीतिक मामलों में भी अपना हस्तक्षेप बढ़ाते जा रहे हैं। अंग्रेजों के इस हस्तक्षेप और बढ़ते अत्याचारों को रोकने के लिए सभी राजाओं को एकजुट हो जाना चाहिए। हमारा संकल्प अंग्रेजों को देश से बाहर निकालकर भारत को स्वतंत्र कराना है, ताकि आवाम आजादी की साँस ले सके।"

नाना साहब और तात्या टोपे केवल पत्र लिखकर ही चुप नहीं बैठ गए, वे अजीमुल्ला खाँ के साथ तीर्थयात्रियों का वेश धारणकर देश के अनेक भागों में गए। वहाँ लोगों को अंग्रेजों के खिलाफ भावी विद्रोह की जानकारी दी। इसके अलावा गुप्त रूप से सैन्य छावनियों में भी गए और वहाँ भारतीय सिपाहियों को देश की स्वतंत्रता में बढ़-चढ़कर भाग लेने के लिए प्रेरित किया और उन्हें अपनी गुप्त योजना की जानकारी दी। उनसे युद्ध में भारतीय राजाओं का साथ देने का आग्रह किया गया।

इसके साथ ही तात्या टोपे ने युद्ध की तैयारी आरंभ कर दी। नाना ने उन्हें सेनापति नियुक्त किया था।

तात्या टोपे ने सेना को आधुनिक तरीके से तैयार करना आरंभ कर दिया। आवश्यक गोला-बारूद, अस्त्र-शस्त्र आदि का प्रबंध किया जाने लगा।

नाना साहब के आदमी अभी भी साधुओं और फकीरों के वेश में लोगों को युद्ध के लिए प्रेरित कर रहे थे। इस युद्ध के प्रचार के लिए दो वस्तुओं कमल का फूल और रोटी को प्रतीक बनाया गया था। नाना साहब के आदमी गाँव-गाँव और शहर-शहर में घूमकर कमल का फूल और रोटियाँ बाँट रहे थे। इस माध्यम से युद्ध का संदेश लोगों तक पहुँचाया जा रहा था।

नाना साहब के पास कोई संगठित सेना तो थी नहीं, इसलिए नए लोगों को भरती करके गुपचुप रूप से तात्या टोपे उन्हें प्रशिक्षण दे रहे थे। भारत के इस प्रथम स्वतंत्रता संग्राम की तैयारी बड़े पैमाने पर की जा रही थी, लेकिन सारा काम इतनी सफाई और गुप्त रूप से हो रहा था कि अंग्रेजों को भनक तक नहीं लगी थी, जबकि उनके गुप्तचर चप्पे-चप्पे को सूँघते फिरते थे और हर अच्छी-बुरी खबर उन तक पहुँचा दिया करते थे।

इस युद्ध की तैयारी में तात्या टोपे और अजीमुल्ला खाँ-दोनों ने अपनी पूरी सामर्थ्य झोंक दी थी, ताकि देश के ज्यादा-से-ज्यादा राजाओं को अंग्रेजों के विरुद्ध युद्ध के लिए तैयार किया जा सके। वे आम लोगों और सैनिकों से व्यक्तिगत रूप से मिलकर भी उन्हें युद्ध के बारे में जानकारी दे रहे थे।

आजादी के इस महासंग्राम में अपना सबकुछ दाँव पर लगानेवालों और इस देशहित के काम में अपना महत्त्वपूर्ण योगदान देनेवालों में एक नाम आता हैख़अवध के जमींदार मौलवी अहमदशाह का। जमींदार अहमदशाह भी अंग्रेजों के अत्याचारों का शिकार थे। अंग्रेजों ने बहाना

बनाकर उनकी जमींदारी छीन ली थी, इसलिए वे भी उनसे खार खाए बैठे थे। उन्होंने भी इस युद्ध में भरपूर योगदान दिया।

अंग्रेजों ने भारतीय नरेशों पर जो अन्यायपूर्ण नियम और सिद्धांत लाद दिए थे, इस वजह से इस स्वतंत्रता संग्राम के लिए कई राजाओं और नवाबों की सहमति भी तात्या टोपे के साथ थी। वे भी अपने राज्यों में चुपचाप इस विद्रोह की तैयारी में लगे हुए थे।

❑

5

अंग्रेजों की राज्य हड़प नीति

पेशवा बाजीराव के बाद नाना साहब या फिर झाँसी की रानी लक्ष्मीबाई के प्रसंग में दत्तक उत्तराधिकारी को अमान्य ठहराकर अंग्रेजों ने कोई नई पैंतरेबाजी नहीं दिखाई थी। वे उससे पहले भी, और उसके बाद भी इसी आधार पर कई राज्य हड़प चुके थे। निर्वंश स्वर्ग सिधारे राजाओं का राज्य अपने अधीन कर लेना, ये अंग्रेज न केवल अपना अधिकार समझते थे, अपितु इस अनुचित और लोभनीति को विधिसम्मत और पूरी तरह कानूनी भी ठहराते थे। अलबत्ता वह कानून उनका अपना था, जिसकी वे जब चाहें अपने हित-अहित को ध्यान में रखकर, जो चाहे व्याख्या कर लेते थे।

1834 में अंग्रेजों की इसी दुर्नीति और गिद्ध दृष्टि का शिकार बना था, रानी चेन्नम्मा का कित्तूर राज्य। कित्तूर के राजा मल्लसर्जा की दो रानियाँ थीं- रुद्रम्मा और चेन्नम्मा। इन दोनों रानियों से राजा के तीन पुत्र हुए। शिवलिंग रुद्रसर्जा (उर्फ बापू साहब), वीर रुद्रसर्जा (उर्फ बाबा साहब) और शिववासवराज (उर्फ बाला साहब)। शिववासवराज रानी चेन्नम्मा का बेटा था। रानी चेन्नम्मा की इच्छा थी

कि बड़ी रानी रुद्रम्मा का बेटा शिवलिंग रुद्रसर्जा राजा का उत्तराधिकारी बने, भाग्य ने भी उनकी इच्छा पूरी करने का कुचक्र चलाया। चेन्नम्मा के पुत्र शिववासवराज का एक छोटी सी बीमारी के बाद निधन हो गया। वीर रुद्रसर्जा भी कुछ वर्षों के भीतर मर गया। तब रुद्रम्मा का पुत्र शिवलिंग रुद्रसर्जा ही मल्लसर्जा के बाद कित्तूर की गद्दी पर बैठने का एकमात्र हकदार बचा।

चेन्नम्मा राज्यकौशल में गहरी रुचि लेती थीं। वह अन्याय और पुत्र क्रूरता को सहन नहीं कर पाती थीं। इसी गुण के कारण वह अपने पति और जनता की प्रिय बन गईं। पहले वह राज्य चलाने में अपने पति महाराज मल्लसर्जा को और उनके बाद अपने सौतेले बेटे शिवलिंग रुद्रसर्जा की मदद करने लगी थीं, जो मराठों और अंग्रेजों की दो विरोधी शक्तियों के बीच निरंतर संघर्ष में डाँवाँडोल हो रहे थे। वह सभी अभियानों और युद्धों में राजा के साथ जाती थीं। जब राजा शासन संबंधी मामलों पर विचार-विमर्श करते थे तो वह दरबार में उनके साथ बैठती थीं। वह राजनीतिक क्षेत्र में सभी हलचलों और गतिविधियों को बारीकी से देखती थीं और उनका अध्ययन करती थीं। वह बुद्धिमान थीं और विद्यमान राजनीतिक अवस्थाओं में उनकी गहरी पकड़ थी। साहस और दूरदर्शिता की प्रतिभा से संपन्न रानी चेन्नम्मा जनता से स्नेह करती थीं और उनसे खुलकर मिलती-जुलती थीं।

अंग्रेज कित्तूर के कार्यों में हस्तक्षेप करने और अंततः उसे अपने अधीन करने के अवसर की प्रतीक्षा करते रहे। वे राज्य की सभी गतिविधियों पर बड़ी बारीकी से नजर रखे हुए थे। शिवलिंग रुद्रसर्जा लंबे समय से अस्वस्थ चल रहे थे और वह तो बस पदीय प्रधान मात्र थे। रानी चेन्नम्मा ही वस्तुतः राज्य का शासन चला रही थीं।

शिवलिंग रुद्रसर्जा ने अपना स्वास्थ्य सुधरता न देख मस्तमड़ी

के बल्लप्पा गौड़ के पुत्र शिवलिंगप्पा को दत्तक पुत्र के रूप में ग्रहण करने का निश्चय किया। इसकी सूचना अपने निकट संबंधियों को दे दी। 11 सिंतबर, 1824 को उनकी हालत बहुत नाजुक हो गई। उन्होंने अपना अंतिम समय निकट जान अपने सरदारों और अन्य सहायकों को बुलाकर दत्तक ग्रहण समारोह संपन्न कराया। उसका नाम सवाई मल्लसर्जा रखा गया और उसको वैध उत्तराधिकारी के रूप में कित्तूर का सर्वप्रभुत्व सौंप दिया गया।

रानी चेन्नम्मा कित्तूर के भविष्य को लेकर चिंतित थीं। उन्हें अंग्रेजों के षड्यंत्रों के बारे में और कंत्तूर मल्लख जैसे अपने दरबार के कुछ सहायकों के छल के बारे में भी आशंका थी और वही हुआ।

अगली सुबह महाराज शिवलिंग रुद्रसर्जा की मृत्यु के बाद रानी चेन्नम्मा ने कंपनी की ओर से तैनात धारबाण के चीफ पॉलिटिकल एजेंट और कलक्टर थैकरे को उनके दत्तक पुत्र के संबंध में सूचना पहुँचाई तो उसने स्वर्गीय शिवलिंग रुद्रसर्जा के पत्र को नकली करार दे दिया। इसी आशय की रिपोर्ट अपने से ऊपर के अधिकारी आयुक्त विलियम चैपलिन को भेज दी, जिसने तुरंत उस पर विश्वास भी कर लिया।

दरअसल, ईस्ट इंडिया कंपनी के अनूठे साम्राज्यवादियों की भाँति यह भी कित्तूर को ब्रिटिश राज्य क्षेत्र में मिलाने के लिए आतुर था। इनमें आपसी साँठ-गाँठ थी। आनन-फानन में यह घोषणा कर दी गई कि ब्रिटिश सरकार दत्तकग्रहण को मान्यता नहीं देती, क्योंकि अव्वल तो ऐसा कुछ हुआ नहीं है, यदि हुआ भी है तो सरकार की इजाजत के बिना हुआ है और इसके अलावा यह अभी तक किसी भी प्रकार के सुबूत से सिद्ध नहीं किया गया है।

इधर रानी चेन्नम्मा ने 18 अक्तूबर, 1824 को अपने सभी सरदारों और दरबार के अधिकारियों को बुलाया और संबोधित किया। रानी चेन्नम्मा ने उन्हें उन सब कदमों के बारे में बताया, जो अंग्रेजों ने उन्हें परेशान करने के लिए उठाए थे। अपने आवेशपूर्ण भाषण में उन्होंने घोषणा की–"कित्तूर हमारा है। हम अपने इलाके के स्वयं मालिक हैं।" अंग्रेजों का कहना है कि दत्तक ग्रहण विधिसम्मत नहीं है, क्योंकि हमने उनकी इजाजत नहीं ली। यह कहाँ अनुबंधित है कि पुत्र को दत्तक लेने के लिए हमें उनकी इजाजत लेनी चाहिए?

ये अंग्रेज हमारे देश में व्यापार करने के बहाने आए हैं और अब यह देखकर कि हम आपस में झगड़ रहे हैं, ये हमारे देश पर कब्जा करना चाहते हैं और हम पर शासन करना चाहते हैं। वे चाहते हैं कि हम उन्हें नजराने के रूप में विपुल धनराशि भेंट करें। हो सकता है उन्होंने अपनी चालाकी से और धूर्त चालों से देश के इस भाग में अन्य शासकों को पराजित कर दिया है। यदि पेशवाओं ने हमारे साथ कोई गलती की है तो हम यह न भूलें कि वे हमारे अपने सगे हैं। किसी-न-किसी दिन वे अपनी भूलें स्वीकार करेंगे और इन विदेशियों को अपनी पवित्र भूमि से निकालने में हमारा साथ देंगे।

अंग्रेजों को यह भ्रम है कि वे छोटे से राज्य कित्तूर को क्षणभर में पराजित कर देंगे। उन्हें निश्चय ही गलतफहमी है। वे नहीं जानते कि कित्तूर के लोग स्वतंत्रता के लिए अपने प्राणों की आहुति दे सकते हैं। निस्संदेह हमारा राज्य एक छोटा राज्य है। अंग्रेजों की सेना की तुलना में हमारी सेना की संख्या कम हो सकती है, किंतु वे भाड़े के टट्टू नहीं हैं। देशभक्ति और इस पवित्र भूमि के प्रति तथा स्वातंत्र्य प्रेम उनकी रगों में प्रवाहित है। हममें से एक-एक उनके दस सिपाहियों

के बराबर हैं। हम झुकेंगे नहीं, चाहे कुछ भी परिणाम भुगतना पड़े कित्तूर अपनी धरती पर अंतिम क्षण तक लड़ाई लड़ेगा। हम अंग्रेजों के गुलाम होने के बजाय अपने प्राण दे देंगे।

रानी चेन्नम्मा के इस प्रेरणाप्रद भाषण से वहाँ एकत्र लोगों में जोश की लहर दौड़ गई। कित्तूर के सिपाहियों की तलवारें चमकने लगीं। एक स्वर में आवाज उठी–कित्तूर अमर रहे! रानी चेन्नम्मा अमर रहें! उनके चारों ओर बिगुल ध्वनियों से कित्तूर किले का प्रांगण गूँज उठा।

रानी चेन्नम्मा संख्या और आग दोनों ही दृष्टि से ब्रिटिश सेना की अग्र पंक्ति से अवगत थीं। उन्हें आशा थी कि इस संकट काल में कोल्हापुर का राजा उनकी सहायता करेगा। उधर अंग्रेज कमांडर थैकरे अपनी कमान के अधीन सेना का एक छोटा सा दल और धारवाड़ में अपने साथ काम आनेवाले अपने कुछ अधिकारियों को साथ लेकर कित्तूर पहुँच चुका था। उसने सोचा था कि कित्तूर के बाहर ही ब्रिटिश सेना की उपस्थिति से कित्तूर के शासक और लोग आंतकित हो जाएँगे और वे विनम्रतापूर्वक समर्पण कर देंगे।

23 अक्तूबर, 1824 को थैकरे ने घोषणा की कि यदि 24 मिनट के भीतर अंग्रेजी फौज के प्रवेश के लिए कित्तूर के किले के दरवाजे नहीं खुले तो दरवाजे तोप से उड़ा दिए जाएँगे। ये क्षण बेहद तनावपूर्ण थे। जैसे ही ब्रिटिश सिपाही यह देखने के लिए नजर गड़ाए खड़े हुए कि द्वार खुलते हैं या नहीं, 24 मिनट के बाद किले के द्वार अंदर से एक झटके के साथ खुले और रानी चेन्नम्मा के बहादुर घुड़सवार बिजली जैसी गति से गरजे और ब्रिटिश गैरिसन पर टूट पड़े।

कित्तूर की सेना ने दोनों तरफ से, एक द्वार मार्ग से और दूसरे किले के परकोटे से हमला किया। रानी चेन्नम्मा ने किले के परकोटे

पर खड़े रहकर सेना का संचालन किया। ब्रिटिश सिपाहियों की सभी आशाएँ मिट्टी में मिल गईं। वे चारों तरफ तितर-बितर हो गए। पॉलिटिकल एजेंट और कलक्टर थैकरे मर चुका था। अंग्रेजों पर निर्णायक विजय प्राप्त करके तथा ब्रिटिश सेना को कित्तूर की सीमाओं से दूर खदेड़कर चेन्नम्मा की सेना वापस कित्तूर लौट आई। उन्हें अभी और हिसाब चुकता करना था, किंतु इस बार स्वयं अपने ही आदमियों से। वे उन देशप्रेमियों को मार डालना चाहते थे, जिन्होंने गद्दारी करके अंग्रेजों की सहायता की थी। ऐसे तीन गद्दार दीवान कन्नूर मल्लप्पा, कन्नूर वीरप्पा और सरदार मल्लप्पा खोज निकाले गए और उन्हें हाथियों द्वारा कुचल दिया गया।

इसके बाद अंग्रेजों ने रानी चेन्नम्मा से सुलह-सफाई का नाटक रचा। एक तरफ वे मित्रता का दिखावा करते रहे, दूसरी तरफ अपनी सैन्य शक्ति कित्तूर के आसपास के क्षेत्रों में जमा करते रहे। देशद्रोही भेदियों से कित्तूर के अंदरूनी भेद लेते रहे और उन्हीं की मदद से दिसंबर के शुरुआती दिनों में पच्चीस हजार सैनिकों के दल-बल ने यकायक कित्तूर के किले पर धावा बोल दिया। इस बार के युद्ध में हजारों लोग मारे गए। रानी चेन्नम्मा और उनकी सेना अपना इतिहास नहीं दोहरा सकी। अंग्रेजों ने कित्तूर पर कब्जा कर लिया। वहाँ का खजाना लूट लिया। रानी चेन्नम्मा और शिवलिंग रुद्रसर्जा की विधवा वीरव्वा और रानी चेन्नम्मा के बेटे शिववासवराज की विधवा जानकी को लगभग एक सप्ताह तक कित्तूर के ही राजमहल में नजरबंद रखा। इस बीच उनसे कित्तूर राज्य अंग्रेजों को देने के बारे में दस्तावेजों पर जबरदस्ती हस्ताक्षर करवाए गए। इसके बाद तीनों को बेलहोंगल के अमेद्य दुर्ग में राजनीतिक कैदी के रूप में बंद कर दिया गया।

❑

6

प्रथम स्वतंत्रता संग्राम की तैयारियाँ

नाना साहब, तात्या टोपे, अजीमुल्ला खाँ आदि अनेक नेतागण गुप्त योजना के कार्यान्वयन में लगे हुए थे, इसी बीच इस विद्रोह की तैयारी के दौरान एक घटना किसी विस्फोट के समान घटी।

यह घटना कलकत्ता की बैरकपुर छावनी में 29 मार्च, 1857 को घटी। मंगल पांडे नामक एक भारतीय सिपाही ने एक गोरे अफसर को गोली से उड़ा दिया था। वह गोरा अफसर घटनास्थल पर ही मारा गया। मंगल पांडे को सरकार ने गिरफ्तार कर लिया और फाँसी पर चढ़ा दिया।

इस घटना ने भारत में चल रही विद्रोह की तैयारी को भी उत्प्रेरित किया। घटना की चर्चा सारे भारत में थी कि आखिर मंगल पांडे ने अंग्रेज अफसर पर गोली क्यों चलाई? अनेक चर्चाएँ गरम थीं, अत: अंग्रेज सरकार चौकस हो गई थी। गोली चलाने का एक कारण तो यह माना जा रहा था कि भारतीय सिपाहियों को चरबीवाले कारतूस दिए गए थे। उन्हें एनफील्ड नामक जो राइफलें दी गई थीं,

मंगल पांडे

उनमें कारतूस भरने से पहले मुँह से छीलने पड़ते थे। ऐसी धारणा थी कि जो कारतूस भारतीय सिपाहियों को दिए जाते थे, उनमें गाय और सुअर की चरबी का प्रयोग किया जाता था। इस चरबी के कारण हिंदू और मुसलमान दोनों का ही धर्म भ्रष्ट हो रहा था, क्योंकि हिंदू गाय को माता का दरजा देते हैं और मुसलमान सूअर को हराम मानते हैं। ऐसे में समझा जा रहा था कि कारतूसों में गाय और सुअर की चरबी का प्रयोग करके अंग्रेजी सरकार दोनों धर्मावलंबियों का धर्म भ्रष्ट करना चाहती थी। इसी वजह से मंगल पांडे ने गोरे

अफसर को गोली मारकर अपना विरोध प्रकट किया था।

इसके अलावा गोली चलाने का एक और कारण चर्चा में था।

उन दिनों लखनऊ के नवाब वाजिदअली शाह अपने मंत्रियों के साथ बैरकपुर में ही ठहरे हुए थे। अंग्रेजों ने उनका राज्य हड़प लिया था तथा उन्हें देश निकाला दे दिया गया था। इसी वजह से वे बैकरपुर छावनी में हिंदुस्तानी सिपाहियों से मिलने कभी स्वयं आते थे तो कभी अपने मंत्रियों को भेजते थे। वे सिपाहियों को अंग्रेजों के खिलाफ विद्रोह के लिए प्रेरित करते थे। ऐसे में यह चर्चा भी थी कि मंगल पांडे ने उन्हीं की प्रेरणा से अंग्रेज अफसर को गोली से उड़ाया था।

इस घटना से अंग्रेजों के विरुद्ध विद्रोह की जो तैयारी की जा रही थी, उसमें बाधा आई। भारतीय क्रांतिकारियों के मन में अनेक सवाल उठने लगे। वे भी मंगल पांडे को फाँसी दिए जाने से बहुत दुःखी थे और अंग्रेजों से बदला लेने के लिए जल्दी-से-जल्दी विद्रोह करना चाहते थे, इसलिए अब वे 1 जून का इंतजार नहीं कर सकते थे। तात्या और नाना आदि को डर था कि विद्रोह योजनानुसार शुरू न होकर समय से पहले ही न शुरू हो जाए।

मंगल पांडे की फाँसी की खबर देश के बाकी हिस्सों में भी पहुँच चुकी थी। इस घटना से हिंदुस्तानी सिपाही खासे भड़के हुए थे और अंग्रेज सरकार के विरुद्ध कड़ा विरोध प्रकट कर रहे थे।

उदाहरण के लिए, बैरकपुर की घटना की खबर जब कानपुर छावनी में पहुँची थी तो हिंदुस्तानी सिपाहियों ने विरोध का स्वर बुलंद कर दिया। वे बहुत उत्तेजित हो गए। वे अंग्रेजों के खिलाफ दंडात्मक काररवाई करना चाहते थे। इस भावना ने भी नाना साहब के स्वतंत्रता संग्राम को आगे बढ़ाने में मदद की।

कानपुर छावनी अंग्रेज सरकार के खिलाफ प्रतिशोध की आग में सुलग रही थी। एक दिन सैन्य परेड के दौरान अंग्रेज अफसरों का आदेश न मानकर सिपाहियों ने अपना विरोध प्रकट किया, जिसे अंग्रेजों ने अपना अपमान समझा और सिपाहियों से सारे हथियार जमा करा लिए गए। कुछ सिपाहियों को सजा भी दी गई। इसके चलते बागी सिपाहियों की तादाद बढ़ती ही चली गई।

कानपुर छावनी की घटना का प्रभाव बाकी छावनियों पर भी पड़ा। देश की सभी छावनियाँ अंग्रेज शासन के खिलाफ एकजुट हो गईं और इस कारण विद्रोह की आग तेजी से देश के सभी भागों में फैलने लगी—खास तौर पर उत्तर भारत के कुछ राज्यों में इसका असर ज्यादा था। हिंदुस्तानी सिपाही हाथों में तलवारें और बंदूकें लेकर निकल पड़े। यद्यपि उनके पास अधिक मात्रा में गोला-बारूद उपलब्ध नहीं था, लेकिन उनके अंदर देशप्रेम की भावना इस कदर भरी हुई थी कि वे बिना पर्याप्त साधन और सामग्री के ही अंग्रेज सरकार से दो-दो हाथ करने को तैयार हो गए। अब वे अंग्रेज अधिकारियों के अधीन रहकर कार्य नहीं करना चाहते थे।

वे देश को अंग्रेजों के चंगुल से बचाना चाहते थे। उन्होंने अंग्रेज सैनिकों को बुरी तरह से मारना आरंभ कर दिया। यहाँ तक कि अंग्रेज परिवार के लोगों को भी बागी सिपाही मार-पीट रहे थे, जिसका सबसे ज्वलंत उदाहरण कानपुर था। जो कानपुर कभी अंग्रेजों से भरा-पूरा था, अब वीरान नजर आने लगा था।

कानपुर में इन भारतीय सिपाहियों का नेतृत्व तात्या टोपे कर रहे थे। यहाँ गोरे सिपाहियों के साथ उनका जबरदस्त युद्ध हुआ। यद्यपि भारतीय सिपाहियों के पास गोरे सैनिकों के मुकाबले अच्छे हथियार नहीं थे, परंतु उनमें साहस और वीरता की कमी नहीं थी।

उनमें देश के लिए मर-मिटने की भावना कूट-कूटकर भरी हुई थी।

तात्या टोपे के नेतृत्व में सिपाहियों को यहाँ विजय प्राप्त हुई। उन्होंने सरकारी खजाने और टकसाल पर अधिकार कर लिया। कई सरकारी इमारतें भी भारतीय सैनिकों के नियंत्रण में आ चुकी थीं। सरकारी इमारतों की देख-रेख करनेवाले अफसर और अधिकारी या तो मारे गए थे या भाग गए थे। इनमें कलक्टर, जज, तहसीलदार और पुलिस के बड़े अधिकारी सब शामिल थे। भारतीय सेना ने पूरे कानपुर क्षेत्र पर अधिकार कर लिया था। कानपुर शहर अब पूरी तरह तात्या टोपे के अधीन था।

कानपुर पर अधिकार कर लेने के बाद वह इलाका नाना साहब को सौंप दिया गया। नाना साहब उस क्षेत्र के शासक बन गए। इसके लिए बिठूर में ही उनका राजतिलक किया गया था। उस इलाके में अब उनके कायदे-कानून चलने लगे थे। नाना साहब का सबसे प्रमुख दायित्व था—उस क्षेत्र में कानून-व्यवस्था लागू करके शांति स्थापित करना। इसके लिए उन्होंने तात्या टोपे को अनेक प्रशासनिक अधिकार प्रदान किए, ताकि वहाँ की शासन-व्यवस्था ठीक ढंग से चलती रहे।

तात्या ने अंग्रेजों द्वारा लागू काले कानूनों को बदल दिया था।

कानपुर में बचे अंग्रेजों की हालत बहुत खराब थी। उन पर हमेशा मौत का खतरा मँडराता रहता था। यद्यपि कई ने नाना साहब की शरण ले ली थी, ताकि उनकी जान को किसी प्रकार का जोखिम न रहे। अनेक अंग्रेजों को युद्ध के दौरान और युद्ध के बाद मौत के घाट उतार दिया गया था। जो अंग्रेज नाना साहब की शरण में आ गए थे, उन्हें नावों में बिठाकर प्रयाग भेजने का प्रबंध कर दिया

गया था। एक बार ऐसी ही नाव जब कुछ अंग्रेज स्त्री-पुरुषों और बच्चों को लेकर गंगा की बीच धार में पहुँची तो वहाँ भी कुछ भारतीयों ने उन्हें घेर लिया और वहीं पर मार-काट मचा दी। इस घटना में बहुत से अंग्रेज मारे गए और मुश्किल से कुछ ही अंग्रेज प्रयाग पहुँच पाए।

गंगा नदी में हुई उक्त घटना के बारे में जब नाना साहब और तात्या टोपे को पता लगा तो उन्हें बहुत दुःख हुआ। तात्या टोपे ने इस अमानवीय कार्य की कड़े शब्दों में निंदा की। इसकी आलोचना करते हुए उन्होंने कहा, "निहत्थे अंग्रेज स्त्री-पुरुषों और बच्चों पर गोलियाँ चलाना अमानवीयता है। हमारा उद्देश्य अंग्रेजों को देश से बाहर निकालना है, उनकी हत्या करना नहीं। हमें उनको मारना नहीं चाहिए और खास तौर पर उन लोगों को तो बिलकुल नहीं, जो पूरी तरह से निर्दोष हैं।"

नाना साहब ने कानपुर की शासन-व्यवस्था के सुधार के लिए अनेक उपाय किए। अनेक मंत्री बनाए गए, जो शासन के विभिन्न विभागों की देख-रेख किया करते थे। शासन का एक प्रमुख कार्य

सन् 1857 : नाना साहब और तात्या टोपे की फौज

बेकारी और गरीबी को दूर करना था। नाना साहब को शासन की सुरक्षा की भी चिंता थी। इसके लिए सेना के गठन को महत्त्व दिया गया था, परंतु संसाधनों की कमी बराबर बनी हुई थी। इस कमी को पूरा करने के लिए नाना साहब और तात्या टोपे ने काफी प्रयत्न किए। कई राजा तथा नवाबों से मिलकर सहायता पाने की कोशिश की। यद्यपि इस प्रयास में वे पूरी तरह से सफल नहीं हो पाए।

नाना साहब को कानपुर की बागडोर सौंपने के कुछ दिनों बाद तात्या टोपे कालपी रवाना हो गए। वहाँ अंग्रेजों का प्रभाव ज्यादा था। इस कारण वहाँ वे स्वतंत्रता सेनानियों की सहायता करना चाहते थे। वहाँ जब वे अंग्रेजों के साथ युद्ध में उलझे हुए थे, उस समय अंग्रेजों ने एक चाल चल दी। उन्होंने अपनी एक सैन्य टुकड़ी कानपुर भेज दी, ताकि कानपुर को फिर से कब्जे में लिया जा सके।

लॉर्ड डलहौजी

कानपुर में नाना साहब अपनी सेना के साथ आ डटे। उनकी सेना में बहुत से स्वतंत्रता सेनानी भी शामिल थे। दोनों सेनाओं के बीच जबरदस्त युद्ध हुआ। भारतीय सैनिक बड़ी बहादुरी से लड़ रहे थे, मगर उनके पास हथियारों और आधुनिक अस्त्र-शस्त्रों की कमी थी। ऐसे में वे कमजोर पड़ते चले गए। आखिर में नाना साहब और उनकी सेना इस युद्ध में पराजित हो गई। अंग्रेजों ने फिर से कानपुर पर कब्जा कर लिया। नाना साहब को कानपुर छोड़कर भागना पड़ा। वे बिठूर वापस आ गए, मगर अंग्रेज सेना ने वहाँ भी उनका पीछा नहीं छोड़ा। अंग्रेज अब बिठूर को भी अपने राज्य में मिलाना चाहते थे, इसलिए एक सैन्य टुकड़ी वहाँ भेजी गई। ऐसे में नाना साहब परेशानियों से घिर गए। उन्होंने फौरन तात्या को बिठूर वापस बुलवाया।

तात्या को जब नाना साहब की पराजय की खबर मिली तो वे बेचैन हो गए और तुरंत कालपी से वापस कानपुर की तरफ चल दिए। उनकी सेना प्रलय का रूप लिये तेजी से कानपुर की तरफ बढ़ रही थी।

कानपुर पहुँचकर तात्या टोपे सिंह की तरह दहाड़ते हुए अंग्रेजों की फौज पर टूट पड़े। दोनों पक्षों में घमासान युद्ध आरंभ हो गया। दोनों तरफ की फौजें अपनी पूरी ताकत के साथ एक-दूसरे का मुकाबला कर रही थीं। भारतीय सैनिकों के पास सदा की भाँति अच्छे हथियारों और उपकरणों की कमी थी, जबकि अंग्रेज सेना आधुनिक रूप से सुसज्जित थी, लेकिन इन सबके बावजूद भारतीय सैनिकों के हौसले के आगे अंग्रेज सेना की हिम्मत जवाब दे गई। तात्या टोपे की हिम्मत और हौसले ने सेना में जो साहस का संचार किया, उसके चलते उन्होंने अंग्रेज सेना को हरा दिया। अंग्रेज सेना फिर मोरचा छोड़कर भाग गई। इस प्रकार तात्या ने कानपुर पर फिर

से अपना परचम फहरा दिया। इस जीत के साथ तात्या का प्रभाव फिर से कानपुर पर स्थापित हो गया।

कानपुर को फिर नाना साहब को सौंप दिया गया। इस प्रकार बिठूर पर जो संकट मँडरा रहा था, वह टल गया, लेकिन नाना साहब को अभी भी अंग्रेज सेना का भय सता रहा था। उन्हें लग रहा था कि अंग्रेज इस इलाके को पुनः हथियाने का प्रयास अवश्य करेंगे, इसलिए वे तात्या टोपे की देख-रेख में कोई ऐसी पुख्ता व्यवस्था करना चाहते थे, जिससे वह क्षेत्र अंग्रेजों के प्रभाव से सुरक्षित रह सके।

इस तरह कानपुर के युद्ध में तात्या ने अपनी हिम्मत का लोहा अंग्रेजों से मनवा लिया। तात्या का सैन्य-संचालन भी उत्तम था, जिसकी वजह से ही अंग्रेज सेना को मुँह की खानी पड़ी थी, जबकि वह आधुनिक हथियारों से लैस थी और उसके पास युद्ध सामग्री की भी कोई कमी नहीं थी। उनका पूरा साम्राज्य उनकी सहायता कर रहा था, लेकिन इन सबके बावजूद उन्हें हार का सामना करना पड़ा। जबकि भारतीय स्वतंत्रता सेनानियों के पास हिम्मत, साहस, शौर्य, पराक्रम आदि के अलावा कुछ नहीं था। उनके पास हथियार और युद्ध सामग्री भी साधारण स्तरीय और कम मात्रा में थी। इस जीत के लिए तात्या टोपे के नेतृत्व को पूरा श्रेय जाता था। उनके इस योगदान के बारे में एक लेखक ने लिखा है, "तात्या टोपे एक महान् शूरवीर और महान् त्यागी थे। जिस प्रकार कानपुर क्षेत्र को उन्होंने दो बार अंग्रेजों से जीतकर नाना साहब के हवाले किया था, इस प्रकार का कार्य कोई महान् शूरवीर और त्यागी ही कर सकता है।"

तात्या का संपूर्ण जीवन देशहित के लिए ही समर्पित था। उनके लिए देश की मर्यादा और उसकी स्वतंत्रता ही सबसे महत्त्वपूर्ण थी।

❑

7

झाँसी की स्थिति

1857 का जून महीना चल रहा था। देश की विभिन्न छावनियों में स्वतंत्रता संग्राम की आग सुलग रही थी। हिंदुस्तानी सेना विभिन्न स्तरों पर बड़े साहस और शौर्य के साथ अंग्रेज सेना का मुकाबला कर रही थी।

इस विद्रोह की चिनगारियाँ झाँसी में भी पहुँच चुकी थीं। यहाँ के स्वतंत्रता सेनानियों ने गोरों के विरुद्ध विद्रोह शुरू कर दिया था। झाँसी के क्रांतिकारियों ने अंग्रेजों के कब्जे से आस-पास के अनेक क्षेत्रों को जीत लिया था। उनके इस विद्रोह का नेतृत्व झाँसी की रानी लक्ष्मीबाई कर रही थीं, क्योंकि लैप्स कानून की आड़ में अंग्रेजों ने झाँसी को भी हड़पने की कोशिश की थी। अंग्रेज गंगाधर राव के दत्तक पुत्र को उनका उत्तराधिकारी नहीं मानते थे। इस कारण झाँसी की रानी अपना खोया हुआ राज्य प्राप्त करना और अपने बेटे को उसका हक दिलाना चाहती थीं। इसके लिए उन्होंने अंग्रेजों के खिलाफ विद्रोह की आवाज बुलंद कर दी थी।

इस दौरान उन्होंने अपनी सेना के गठन पर ज्यादा ध्यान दिया। इसके लिए सेना में नई भरती की गई और सैनिकों को अच्छा

प्रशिक्षण उपलब्ध कराया गया। अच्छे हथियारों आदि का भी प्रबंध किया गया। यहाँ तक कि नए अस्त्र-शस्त्रों के निर्माण की भी व्यवस्था की गई, क्योंकि रानी को यकीन था कि अंग्रेज इस तरह अपने क्षेत्र को खोकर चुप बैठनेवाले नहीं थे।

एक ओर जहाँ रानी लक्ष्मीबाई को अंग्रेजों से युद्ध का सामना करना पड़ रहा था, वहीं झाँसी के राजा गंगाधर राव की मृत्यु के बाद कई राजा उनके राज्य को हड़पने के प्रयास में लगे थे, क्योंकि उसका उत्तराधिकारी अभी छोटा था और झाँसी की रानी लक्ष्मीबाई अकेली थीं तथा उनकी मदद करनेवाला कोई नहीं था।

ऐसे ही दुश्मनों में एक ओरछा का शासक नवाब नत्थे खाँ था। उसने सोचा, 'झाँसी का कोई मददगार, कोई रक्षक नहीं है, इसलिए वह आसानी से उस पर कब्जा कर सकता है।' इसी उद्देश्य से उसने झाँसी पर आक्रमण कर दिया। उसने झाँसी की रानी लक्ष्मीबाई को अबला और निस्सहाय समझा था।

लेकिन जल्दी ही नत्थे खाँ का सारा उबाल उतर गया। झाँसी की रानी ने दिखा दिया कि वह अकेली ही किसी दुर्गा से कम नहीं हैं। उन्होंने नत्थे खाँ के हमले का मुँहतोड़ जवाब दिया और उसके इरादों पर पानी फेर दिया। रानी लक्ष्मीबाई और उनकी सेना ने इस वीरता से उसका सामना किया कि नत्थे खाँ की सेना में कोहराम मच गया। यद्यपि उसकी सेना झाँसी की सेना से ज्यादा थी, लेकिन वीरता और बहादुरी के सामने उसकी सेना कहीं नहीं टिक पाई और नत्थे खाँ को युद्धभूमि छोड़कर भागना पड़ा। उसकी अधिसंख्य सेना को रानी लक्ष्मीबाई ने मूली, गाजर की तरह काटकर रख दिया था। इस युद्ध में झाँसी को भी काफी नुकसान उठाना पड़ा।

सर ह्यूरोज

नत्थे खाँ इस पराजय से बुरी तरह तिलमिलाया हुआ था। रानी लक्ष्मीबाई के प्रति वह बदले की आग में सुलग रहा था। अतः वह गोरी फौज के सेनापति ह्यूरोज के पास गया और उसे झाँसी पर हमला करने के लिए उकसाने लगा। उसने यह भी वायदा किया कि इसके लिए अंग्रेज सेना को वह हर तरह की मदद देगा।

इस प्रकार अंग्रेजों और नत्थे खाँ ने मिलकर झाँसी पर हमले की योजना बना ली। एक दिन मौका देखकर सर ह्यूरोज के नेतृत्व में दोनों की मिली-जुली सेना ने झाँसी पर आक्रमण कर दिया। इस बार का हमला पहले से ज्यादा शक्तिशाली और प्रभावी था। गोरी फौज ने झाँसी के किले को चारों ओर से घेर लिया। दोनों सेनाओं के बीच जबरदस्त युद्ध छिड़ा हुआ था। किले के बाहर गोरी फौज घेरा डाले पड़ी थी। उन्हें युद्ध की सामग्री और हथियार बराबर प्राप्त हो रहे थे, लेकिन झाँसी की रानी लक्ष्मीबाई के लिए परेशानी खड़ी हो गई। उनके लिए युद्ध का सामान और खाद्य सामग्री का प्रबंध करना मुश्किल हो गया था, क्योंकि अंग्रेज फौज ने चारों ओर से किले की घेराबंदी कर रखी थी। इस कारण कोई भी सामान बाहर से भीतर नहीं पहुँच पा रहा था। झाँसी की सेना को युद्ध को ज्यादा लंबे समय तक चलाए रखना मुश्किल होता जा रहा था।

जब किले में खाने-पीने का सारा सामान समाप्त हो गया तो

रानी लक्ष्मीबाई के सामने मुसीबत का पहाड़ खड़ा हो गया। सैनिकों के लिए खाद्य सामग्री और साथ ही युद्ध सामग्री कहाँ से जुटाएँ? ऐसे में उन्हें तात्या टोपे के रूप में उम्मीद की एक किरण नजर आई। उन्होंने अपने एक वफादार साथी को फौरन तात्या टोपे के पास मदद के लिए भेजा।

तात्या टोपे उस समय कानपुर में मोरचे पर थे। वे अंग्रेजों से युद्ध करके फिर से कानपुर पर अपना प्रभाव स्थापित कर चुके थे। ऐसे में जब उन्हें झाँसी की रानी का संदेश प्राप्त हुआ तो वे कानपुर का इलाका नाना साहब के हवाले कर झाँसी की ओर चल दिए।

अंग्रेजों को तात्या टोपे के आने की खबर मिल गई थी। वे झाँसी पहुँचने से पहले ही उन्हें रोकना चाहते थे। उन्होंने एक सैन्य टुकड़ी भेजकर तात्या को बीच में ही युद्ध में उलझा दिया। अतः वे समय पर रानी लक्ष्मीबाई को किसी तरह की सहायता नहीं पहुँचा पाए। झाँसी में परेशानियाँ और बढ़ गई थीं। खाने-पीने और

सन् 1857 के गदर का एक दृश्य

युद्ध की सारी सामग्री खत्म हो चुकी थी। अब किले में रहकर युद्ध करना संभव नहीं रह गया था। अतः एक रात लक्ष्मीबाई अपने कुछ भरोसेमंद साथियों को साथ लेकर किले से बाहर निकल पड़ीं।

बाहर अंग्रेज सेना ने उन्हें रोकने का प्रयास किया, परंतु असफल रहे।

घोड़े पर सवार लक्ष्मीबाई अपने साथियों के साथ अंग्रेज सेना को चीरती हुई तेजी से आगे बढ़ती जा रही थीं। उनकी मंजिल कालपी थी। गोरे सैनिक लगातार लक्ष्मीबाई का पीछा कर रहे थे। वे उन्हें जीवित पकड़ना चाहते थे।

लक्ष्मीबाई को मजबूर होकर झाँसी को छोड़ना पड़ा था। इसी के साथ झाँसी पर अंग्रेजों का कब्जा हो गया।

यह खबर तात्या टोपे को मिली तो उन्हें बहुत दुःख हुआ। झाँसी के इस तरह से पतन की उन्होंने कल्पना तक नहीं की थी, लेकिन वे मजबूर थे। उन्हें अंग्रेज सेना ने बीच में ही युद्ध में उलझाए रखा था, इस वजह से वे समय पर रानी लक्ष्मीबाई की कोई मदद नहीं कर पाए। इसके लिए उन्हें बहुत पछतावा हो रहा था, मगर इस समय वे स्वयं अंग्रेजों से घिरे हुए थे।

जब इस घटना के पीछे उन्हें नत्थे खाँ की काली करतूत का पता चला तो तात्या मन-ही-मन बहुत दुःखी हुए। वे सोच रहे थे कि इनसान कितना स्वार्थी हो गया है, जो थोड़े से फायदे के लिए देशद्रोह करने से भी नहीं झिझकता। नत्थे खाँ का रानी के साथ विश्वासघात निंदनीय था। इस युद्ध से उसे कुछ प्राप्त भी नहीं हुआ था, न तो अंग्रेज सरकार ने उसे पुरस्कृत किया और न ही उसे झाँसी पर शासन करने का अवसर मिला।

तात्या टोपे जब अंग्रेज सेना के मुकाबले कमजोर पड़ने लगे तो अपने बचे-खुचे सैनिकों के साथ जंगलों में चले गए, लेकिन वहाँ भी वे चुप नहीं बैठे। अंग्रेजों को हराने के लिए वे वहाँ भी योजनाएँ बनाते रहे। इसके अलावा चोरी-छुपे सैन्य संगठन भी मजबूत करते रहे, ताकि अवसर पाकर अंग्रेज सरकार के खिलाफ कड़ा विद्रोह कर सकें।

इसी बीच नत्थे खाँ को सबक सिखाने की एक महत्त्वपूर्ण योजना बनाई गई । उसकी गद्दारी की वजह से झाँसी का किला रानी लक्ष्मीबाई के हाथों से निकल गया था।

अवसर मिलते ही तात्या ने ओरछा पर आक्रमण कर दिया। नत्थे खाँ की सेना भी मुकाबले में आ खड़ी हुई, लेकिन वह ज्यादा समय तक तात्या की सेना का सामना नहीं कर सकी। उसकी सेना भाग खड़ी हुई। युद्ध के दौरान नत्थे खाँ मारा गया। इस तरह ओरछा के किले पर तात्या का अधिकार हो गया। यहाँ रहकर तात्या ने अपनी शक्ति संगठित करनी शुरू कर दी।

ओरछा की संपदा का प्रयोग तात्या ने अपनी सैन्यशक्ति को बढ़ाने के लिए किया। ओरछा के किले में बड़ी मात्रा में अस्त्र-शस्त्र भी उपलब्ध थे। अस्त्र-शस्त्र प्राप्त होने से उनकी सैन्य क्षमता बढ़ गई थी। जल्दी ही ओरछा में तात्या ने अपना प्रभाव स्थापित कर लिया।

इसी बीच उनके गुप्तचरों ने समाचार दिया कि रानी लक्ष्मीबाई इस समय कालपी दुर्ग में हैं और वहाँ नाना साहब और उनके बड़े भाई रावसाहब भी मौजूद हैं। सब मिलकर अंग्रेजों को देश से बाहर निकालने की योजना बना रहे थे। इसके अलावा वहाँ अंग्रेजों के विरुद्ध सैन्य संगठन भी मजबूत किया जा रहा था।

यह खबर सुनकर तात्या खुशी से झूम उठे। उन्हें ज्यादा समय तक स्वयं का ओरछा के किले में आराम से रहना रास नहीं आया। ओरछा की सुरक्षा का बंदोबस्त करके वे भी कालपी की ओर चल पड़े। उनकी सेना भी उनके साथ थी।

कालपी पहुँचकर वे भी रावसाहब और रानी लक्ष्मीबाई के साथ भावी युद्ध की योजना बनाने लगे। यह विचार-विमर्श किया गया कि अंग्रेजों से किस तरह मुकाबला किया जाए कि उनकी सेनाएँ फायदे में रहें और युद्ध के दौरान उन्हें खाद्य तथा युद्ध सामग्री पर्याप्त रूप से मिलती रहे। रण-क्षेत्र के निर्धारण पर भी बातचीत हुई।

अंत में महानायकों ने निर्णय लिया कि अंग्रेजों से अंतिम और निर्णायक युद्ध कालपी में ही लड़ा जाए, क्योंकि उनके अनुसार कालपी एक सुरक्षित स्थान था, जहाँ से उन्हें अन्य राजाओं की सहायता भी समय पर प्राप्त हो सकती थी और वहाँ से कानपुर, ओरछा आदि भी ज्यादा दूर नहीं थे। अतः कालपी युद्ध के लिए सबसे उपयुक्त माना गया। इसके साथ ही तात्या टोपे के मन में एक दुविधा भी थी। वे कालपी रण-क्षेत्र के प्रति पूरी तरह आश्वस्त और सहमत नहीं थे। उनका मानना था कि बजाय कालपी के, युद्ध के लिए कानपुर ज्यादा उपयुक्त था।

वैसे भी नाना साहब को कानपुर का इलाका सौंपकर जब वे लक्ष्मीबाई की मदद के लिए झाँसी गए थे, इस दौरान अंग्रेजों ने पुनः कानपुर क्षेत्र पर कब्जा कर लिया था। इसी के साथ अंग्रेजों ने नाना साहब को बिठूर छोड़ने पर मजबूर कर दिया था। अतः उन्हें अंग्रेजों से बदला भी चुकाना था।

कानपुर पर पुनः अधिकार करने के उद्देश्य से उन्होंने एक

बड़ा सैन्य संगठन खड़ा किया था। इस सेना में झाँसी और नाना साहब के सैनिक भी शामिल किए गए। इसके अलावा अनेक स्वतंत्रता सेनानी आजादी के संग्राम में भाग लेने के लिए स्वयं आगे आकर शामिल हो गए थे। सब तात्या टोपे के नेतृत्व में अंग्रेज सेना का मुकाबला करने को तैयार थे। तात्या इस सेना को लेकर कानपुर प्रस्थान करना चाहते थे। इस सेना की मदद से वे कानपुर को पुनः जीतना चाहते थे। कानपुर को जीतने के बाद नाना को सौंपकर वे इस युद्ध को जारी रखते हुए दिल्ली तक पहुँचना चाहते थे, ताकि अंग्रेजों की शक्ति का पूरी तरह से दमन किया जा सके और उनको भारत से बाहर भगाया जा सके।

योजना को अमल में लाने के लिए तात्या ने नाना साहब से आज्ञा माँगी, परंतु इस बारे में उन्होंने कोई निर्णय नहीं लिया। वे कालपी में रहकर ही युद्ध के पक्ष में थे। यहाँ तक कि रानी लक्ष्मीबाई भी यही चाहती थीं कि अंग्रेजों से कानपुर के बजाय कालपी में ही मुकाबला किया जाए।

कालपी में युद्ध के स्थान को लेकर तीनों में मतभेद बना हुआ था। इसी दौरान कालपी की रणनीति की खबर किसी तरह अंग्रेजों को लग गई। अंग्रेजों ने उन्हें रोकने के लिए एक सेना कालपी भेज दी। कालपी में हो रही क्रांतिकारी गतिविधियों पर अंग्रेज सेना ने रोक लगा दी। अंग्रेज सेना ने कालपी को चारों तरफ से घेर लिया। अब क्रांतिकारियों के पास वहाँ लड़ने के अलावा कोई और विकल्प नहीं बचा था।

निदान स्वरूप कालपी में भयंकर युद्ध हुआ। यद्यपि भारतीय सैनिक और क्रांतिकारी बड़े उत्साह और वीरता के साथ लड़ रहे थे, परंतु समय और परिस्थितियाँ मानो भारत के लिए विपरीत थीं। इस कारण वीरता के साथ लड़ने के बावजूद भारतीय सैनिक इस

युद्ध में हार गए। अंग्रेजों ने उनकी शक्ति को काफी नुकसान पहुँचाया। इस युद्ध में बड़ी संख्या में आजादी के सिपाही मारे गए तथा बड़ी संख्या में भारतीय सैनिक घायल भी हुए। उनके अस्त्र-शस्त्र अंग्रेजों ने छीन लिए।

तीनों नेता अपने बचे-खुचे सैनिकों को लेकर कालपी से निकल पड़े। रानी लक्ष्मीबाई और तात्या टोपे अपने सैनिकों के साथ ग्वालियर की ओर चले गए। कालपी का क्षेत्र अंग्रेजों के अधिकार में चला गया। इस तरह कालपी में बनाई जा रही सारी योजनाएँ विफल हो गईं। इस घटना के बाद भारतीय स्वतंत्रता सेनानियों की काफी क्षति हुई। भारतीय सैनिक काफी समय तक इस नुकसान की पूर्ति नहीं कर पाए।

इस युद्ध में हुए नुकसान के बारे में अनेक लेखकों ने अलग-अलग विचार प्रकट किए हैं। उनका मानना है कि यदि युद्ध में तात्या टोपे की योजना के अनुसार कार्य किया जाता तो शायद इस युद्ध का परिणाम अपेक्षित रहता। युद्ध में भारतीय सैनिक पराजित नहीं होते। तात्या और नाना साहब की ताकत इस युद्ध को एक नया रूप प्रदान कर देती। यदि ये शक्तियाँ मिलकर कार्य करतीं और सही योजना लागू करतीं तो वे अंग्रेजों के प्रभाव को खत्म कर सकती थीं और अपनी शक्ति के बल पर अंग्रेजों को घुटने टेकने को मजबूर कर सकती थीं, लेकिन ऐसा हो नहीं पाया। कालपी में युद्ध के स्थान को लेकर मतभेद बना रहा। अतः अंग्रेजों को सँभलने का मौका मिल गया और उन्होंने भारतीय सैनिकों की शक्ति नष्ट कर डाली।

एक इतिहासकार के अनुसार, "अगर तात्या टोपे और नाना साहब का मिलन हो जाता तो वह अंग्रेजों के लिए महँगा पड़ता, क्योंकि दोनों की शक्ति अंग्रेजों के लिए भारी पड़ती। वे अंग्रेजों

को पूरी तरह से खत्म कर सकते थे।''

इस तरह कालपी का युद्ध अंग्रेजों के लिए बहुत महत्त्वपूर्ण और उपयोगी सिद्ध हुआ। इस युद्ध के बाद नाना साहब, तात्या टोपे और रानी लक्ष्मीबाई की शक्तियाँ काफी हद तक सीमित हो गई थीं।

इनके अलावा भी कई अन्य इलाकों में अंग्रेजों का प्रभाव बढ़ रहा था। मेरठ और दिल्ली में भी इसी तरह छावनियों में स्वतंत्रता सेनानियों ने विद्रोह किए थे, लेकिन उनका सही मार्गदर्शन करनेवाला कोई नहीं था। इसी कारण अंग्रेजों ने उन्हें आसानी से ध्वस्त कर दिया था। मध्य भारत, राजस्थान और बुंदेलखंड के राजाओं और नवाबों पर भी इस विद्रोह का प्रभाव पड़ा। वे स्वतंत्रता सेनानियों को मदद देने से इनकार करने लगे थे। यहाँ तक कि कई राजाओं और नवाबों ने तो सैनिकों के साथ अपने संबंध ही तोड़ लिए थे और वे अंग्रेजों का पक्ष लेने लगे थे। स्थिति यहाँ तक पहुँच गई थी कि कई राजा और नवाबों ने खुल्लम-खुल्ला अंग्रेजों की सहायता शुरू कर दी थी। अंग्रेजों को सहायता पहुँचानेवालों में ग्वालियर के राजा मुख्य थे। वे अंग्रेजों को जन और धन-दोनों प्रकार से सहायता प्रदान कर रहे थे। ग्वालियर में अंग्रेजों की स्थिति वैसे भी काफी अच्छी थी।

❑

8

लक्ष्मीबाई का बलिदान

झाँसी की रानी लक्ष्मीबाई की पराजय देशी राजाओं के विश्वासघात का ही परिणाम थी। अनेक जगहों पर भारतीय सेनाएँ इस विश्वासघात के कारण हार चुकी थीं। विश्वासघात के कारण कई किले राजाओं को गँवाने पड़े थे। युद्ध में भारतीय सेना का मनोबल टूट रहा था, लेकिन तात्या टोपे, लक्ष्मीबाई, नाना साहब आदि का उत्साह कम नहीं हुआ था। कालपी में हार उनके लिए एक बहुत बड़ा आघात था, इसके बावजूद उन्होंने हार नहीं मानी थीं। वे युद्ध के आगे की योजना बना रहे थे। उन्होंने देश के कई अन्य राजाओं से मिलकर फिर से एक सेना का गठन करना शुरू कर दिया था।

वे अपने प्राण देकर भी देश को अंगेजों से आजाद कराना चाहते थे, लेकिन अब देश के अधिकतर राजाओं और नवाबों ने उनकी योजना में शामिल होने से इनकार कर दिया था। इसलिए उन्हें अधिक परेशानियों का सामना करना पड़ रहा था। फिर भी उन्होंने हिम्मत नहीं हारी थीं। वे ग्वालियर के किले को जीतकर वहाँ अपना प्रभाव स्थापित करना चाहते थे।

रानी लक्ष्मीबाई

योजना के अनुसार रानी लक्ष्मीबाई और तात्या टोपे ने ग्वालियर पर अलग-अलग आक्रमण किया। ग्वालियर में रह रहे भारतीय स्वतंत्रता सेनानी भी तात्या टोपे एवं लक्ष्मीबाई की सेना में शामिल हो गए। किले पर दोनों तरफ से इतना जोरदार हमला किया गया कि अंग्रेज सेना और ग्वालियर के राजा के सैनिक उनका मुकाबला ज्यादा देर तक नहीं कर पाए। उनके पाँव उखड़ने लगे और जल्दी ही वहाँ रानी लक्ष्मीबाई ने जीत हासिल कर लीं। ग्वालियर का किला प्राप्त होने से भारतीय स्वतंत्रता सेनानियों की हिम्मत बढ़ गई थी। अंग्रेजों को यह नुकसान भारी पड़ा था। वे इसे फिर से प्राप्त करने का प्रयास कर रहे थे।

तात्या टोपे की सेना

तात्या टोपे और रानी लक्ष्मीबाई आगे के हमले की योजना बनाने लगे। ग्वालियर से जो धन-संपत्ति प्राप्त हुई थी, उसका इस्तेमाल सेना के विस्तार में किया जाने लगा।

तात्या टोपे की एक बड़ी विशेषता यह थी कि वे केवल युद्ध का नेतृत्व करते थे और जीत के बाद जीते हुए प्रदेशों को स्वयं कब्जे में नहीं रखते थे, बल्कि किसी को सौंप देते थे। दो बार उन्होंने कानपुर क्षेत्र जीता और उसे नाना साहब को सौंप दिया था। इसी तरह उन्होंने ग्वालियर का किला रानी लक्ष्मीबाई को सौंप दिया था। तात्या स्वयं केवल सैन्य संगठन की देख-रेख में ही लगे रहे थे।

ग्वालियर के किले को जीतने के बाद वहाँ से प्राप्त हुई संपदा का उपयोग सेना के सुधार में खर्च किया जा रहा था, किंतु उसके कारण स्वतंत्रता सेनानियों के मन में लालच पैदा हो गया था और उस पैसे को स्वयं हासिल करने की लालसा उत्पन्न हो गई थी। इस लालच के कारण वे आपस में ही लड़ने लगे थे, जिसके कारण उनकी एकता नष्ट हो गई थी। सैनिकों के पास जरूरत से ज्यादा धन

हो गया तो उनके मन में बहुत सी बुराइयाँ पैदा होने लगी थीं। सैनिक अपना लक्ष्य और उद्देश्य भूलने लगे थे। उनका उद्देश्य ऐशो-आराम हो गया था। अब वे आलसी हो गए और उनके चरित्र में अनेक दुर्बलताएँ आ गईं। सैनिक आगे युद्ध के लिए जाने से कतराने लगे। वे कहने लगे कि आगे युद्ध करने का कोई फायदा नहीं है। उन्हें धन प्राप्त हो गया है, अब युद्ध किसलिए किया जाए? ग्वालियर के अधिकतर स्वतंत्रता सेनानी अपने कर्तव्य को भूलकर धन उपभोग के चक्कर में पड़ गए। रानी लक्ष्मीबाई ने सैनिकों को समझाने का प्रयास किया तो कुछ सैनिकों ने रानी के सुझावों की उपेक्षा कर दी और कुछ उनसे नाराज भी हो गए।

इसी बीच अंग्रेजों ने पुनः ग्वालियर पर हमला कर दिया। ह्यूरोज एक बड़ी फौज लेकर ग्वालियर की तरफ बढ़ा। उसकी सेना ने चारों ओर से हमला कर दिया। इस युद्धभूमि में दोनों सेनाएँ फिर आमने-सामने आ गई थीं।

एक तरफ अंग्रेजी सेना और दूसरी तरफ तात्या टोपे और रानी लक्ष्मीबाई की मिली-जुली सेना थी। दोनों के बीच घमासान युद्ध हो रहा था। भारतीय सैनिक पूरे उत्साह और जोश के साथ अंग्रेजों का सामना कर रहे थे, लेकिन धीरे-धीरे उनके पास हथियारों और अन्य उपकरणों की कमी पड़ने लगी, जिससे उनकी हार का सिलसिला शुरू हो गया। आखिरकार अंग्रेज सेना से वे पराजित हो गए।

रानी लक्ष्मीबाई को वह रणक्षेत्र छोड़कर भागना पड़ा। अंग्रेज उनका पीछा कर रहे थे। उनके साथियों ने गोरे सैनिकों को रोकने का प्रयास किया, किंतु लड़ते-लड़ते वे सब मारे गए। आखिर में केवल रानी ही अपने घोड़े पर अकेली भागी जा रही थीं, तभी अचानक एक दुर्घटना घटी। रानी जिस घोड़े पर सवार थीं, वह बुरी तरह से

थका और नया होने के कारण रास्ते में आए एक नाले को पार नहीं कर पा रहा था। इसी बीच अचानक एक गोली आकर रानी को लगी। रानी लक्ष्मीबाई वहीं गिर पड़ीं और गिरने के साथ ही उनके प्राण निकल गए।

कहा जाता है कि अंग्रेज उनके मृत शरीर को भी नहीं छू पाए थे; क्योंकि जिस जगह पर वे गिरीं और उन्होंने दम तोड़ा था, वहाँ से अंग्रेज कुछ दूरी पर थे। जब तक वे उस स्थान पर पहुँचते, किसी साधु ने उनके शरीर को घास-फूस डालकर जला दिया था, ताकि गोरे सैनिक उनके मृत शरीर का अपमान न कर सकें। यह भी कहा जाता है कि वास्तव में वह व्यक्ति साधु नहीं, कोई स्वतंत्रता सेनानी था, जो वेश बदलकर आया था।

झाँसी की रानी लक्ष्मीबाई इस तरह अंग्रेजों के साथ युद्ध करते-करते वीरगति को प्राप्त हो गईं, लेकिन उन्होंने राष्ट्रीय आंदोलन में जो योगदान दिया, उसे कभी भुलाया नहीं जा सकता। उनका नाम भारतीय इतिहास के स्वर्ण अक्षरों में दर्ज है।

ग्वालियर में पराजित होने के बाद तात्या अपने बचे हुए सिपाहियों के साथ बैसवाड़ा के जंगलों में चले गए। वहीं उन्हें रानी लक्ष्मीबाई की मृत्यु का समाचार मिला। उन्हें बहुत दुःख हुआ। उनकी मृत्यु को उन्होंने राष्ट्रीय आंदोलन की एक बड़ी क्षति बताया। उन्होंने कहा था, ''रानी लक्ष्मीबाई जैसी वीरांगनाएँ संसार में कभी-कभी जन्म लेती हैं।''

नाना साहब भी रानी की मृत्यु से बहुत दुःखी थे। वे उन्हें अपनी छोटी बहन का दरजा देते थे। उनकी मृत्यु ने उनके मन में निराशा का भाव जाग्रत् कर दिया था।

ग्वालियर में अंग्रेजों की विजय ने भारतीय राजाओं की आखिरी

1857 के क्रांतिकारियों को ब्रिटिश सरकार ने सरेआम फाँसी दी

उम्मीद को भी समाप्त कर दिया था कि अब वे शायद ही कभी अंग्रेजों को अपने देश से बाहर निकाल पाएँगे। ग्वालियर की पराजय ने राजनीतिक माहौल में भी बड़ा परिवर्तन ला दिया था। देश की राजनीतिक स्थिति अब बिलकुल बदल गई थी। अंग्रेजों का प्रभाव पूरे भारत पर हावी होता जा रहा था। भारतीय राजाओं के अनेक राज्य अंग्रेजों ने अपने साम्राज्य में मिला लिये थे। जो राज्य स्वतंत्र थे, वहाँ के राजाओं ने भी अंग्रेजों को सर्वोच्च शक्ति के रूप में स्वीकार कर लिया था।

क्रांतिकारियों की शक्ति सीमित होकर रह गई थी। अंग्रेजों ने

बड़ी संख्या में क्रांतिकारियों का दमन कर दिया था। कलकत्ता से लेकर पेशावर तक अंग्रेजों का एकछत्र राज्य स्थापित हो गया था। देशी राजा और नवाब अब अंग्रेजों का न तो विरोध करना चाहते थे और न ही उनसे युद्ध करना चाहते थे। इस कारण अनेक राजाओं ने अंग्रेजों की चाटुकारिता में ही अपनी भलाई समझी थी। भारत में अब ऐसी कोई शक्ति नहीं रह गई थी जो अंग्रेजों का सामना कर सके।

यद्यपि अंग्रेजों का पूरे उत्तर भारत में प्रभुत्व स्थापित हो गया था, लेकिन जब तक देश के कुछ क्रांतिकारी सेनानायक जीवित थे, उनका शासन आसान नहीं था। यद्यपि झाँसी की रानी वीरगति को प्राप्त हो चुकी थीं तथा तात्या टोपे भी अपनी बची-खुची सेना के साथ जंगलों में जाकर छिप गए थे; नाना साहब का भी प्रभाव कम हो गया था तथा अपनी जान बचाने के लिए उन्हें बहराइच के जंगलों में शरण लेनी पड़ी थी, लेकिन इन सब परिस्थितियों के बावजूद वे अंग्रेज सरकार से टक्कर लेने की योजना बना रहे थे, ताकि एक बार फिर प्रयास करके अंग्रेजों को पराजित कर सकें। इसके लिए वे गुप्त रूप से कुछ राजाओं और नवाबों के संपर्क में थे।

❑

9

चरखारी के राजा को सबक

नाना साहब ग्वालियर में हुई पराजय से पहले ही अपने कुछ साथियों के साथ बहराइच के जंगलों में जाकर छिप गए थे। वहीं उन्हें तात्या टोपे और रानी लक्ष्मीबाई की पराजय का समाचार मिला था। उनके बड़े भाई रावसाहब भी अब नहीं रहे थे। अंग्रेज सेना के लिए प्रलय बननेवाली रानी लक्ष्मीबाई भी स्वर्ग सिधार चुकी थीं। मुगल सम्राट् बहादुरशाह को बंदी बनाकर रंगून भेज दिया गया था और मुगल शासन को हमेशा के लिए समाप्त कर दिया गया था। इसके अलावा अन्य कई राजाओं और नवाबों का भी यही हश्र हुआ था, जिन्होंने अंग्रेजों के खिलाफ विद्रोह किया या विद्रोह करनेवालों का साथ दिया था।

जहाँ राजाओं और नवाबों को सरकार ने नहीं बख्शा था, वहाँ साधारण सैनिकों और आम लोगों के साथ उन्होंने कितना क्रूर व्यवहार किया होगा, इसकी तो कल्पना भी नहीं की जा सकती। अंग्रेजों ने जो स्वतंत्रता सेनानी जिंदा पकड़े थे, उन्हें सरेआम पेड़ों पर उलटा लटकाकर मौत के घाट उतार दिया गया। अनेक लोगों

को फाँसी पर चढ़ा दिया गया। यह सब आम लोगों के सामने किया गया, ताकि फिर कोई व्यक्ति अंग्रेज सरकार का विरोध करने का साहस न करे। जो थोड़े से सैनिक बच गए थे, वे वेष बदलकर जीवन व्यतीत कर रहे थे। कुछ साधु बनकर या कुछ फकीरों का वेष बनाकर रहते थे। इस दमन चक्र ने देश में एक सन्नाटा और खामोशी पैदा कर दी थी। चारों तरफ मौत जैसा सन्नाटा छाया था। भारतीय पूरी तरह से अंग्रेजों के अधीन हो चुके थे और अब अंग्रेजों का विरोध करने की हिम्मत किसी में भी दिखाई नहीं दे रही थी।

अब स्वतंत्रता सेनानियों में से अकेले तात्या टोपे बचे थे। उनके साथ कुछ सैनिक अवश्य थे, लेकिन अंग्रेजों का विरोध करने के लिए न तो उनके पास धन था और न अस्त्र-शस्त्र।

तात्या टोपे एक महान् स्वतंत्रता सेनानी थे। उनका प्रभावशाली व्यक्तित्व संकटकाल में अधिक प्रखर हुआ था। एक लेखक ने इस संबंध में विचार प्रकट करते हुए कहा है–

"तात्या टोपे भारत के गैरीबॉल्डी थे, नेपोलियन थे, जिनकी बहादुरी की तुलना किसी से भी नहीं की जा सकती। उनमें गैरीबॉल्डी और मैक्यावली की तरह साहस और शौर्य कूट-कूटकर भरा था।"

तात्या टोपे का व्यक्तित्व किसी प्रशंसा का मोहताज नहीं था। उनकी बहादुरी को सभी भारतीय नमन करते हैं। वे सदा अतुलनीय बने रहेंगे।

वे चारों तरफ से काँटों के जंगल से घिरे रहते थे, जहाँ अंग्रेज सिपाहियों के साथ-साथ कुछ भारतीय राजाओं के सिपाही भी उनके पीछे पड़े हुए थे। उनकी राह में गहरी खाइयाँ थीं, लेकिन

उन्होंने हार नहीं मानी। वे नेपोलियन की भाँति कभी परेशान और बेचैन नहीं होते थे।

तात्या ने जीवन की अंतिम साँस तक अंग्रेजों से लोहा लेने का संकल्प किया था। वे अपने पुराने मित्र राजाओं और नवाबों को खोज रहे थे, जिन्होंने स्वतंत्रता संघर्ष में उनका साथ दिया था। अंग्रेजों ने झाँसी, ग्वालियर आदि के किलों पर अधिकार कर लिया तो राजाओं का विश्वास टूट गया था। उन्होंने स्वतंत्रता सेनानियों का साथ छोड़ दिया और अंग्रेजों के साथ मित्रता कर ली थी। इसी तरह की एक रियासत थी बुंदेलखंड में चरखारी। जहाँ का राजा स्वतंत्रता सेनानियों का बड़ा समर्थक था। वह भारतीय क्रांतिकारियों की हर प्रकार की मदद करता रहा था, इसलिए तात्या टोपे को लगा कि वे चरखारी के राजा को अपनी तरफ मिला लेंगे और उससे फिर से युद्ध में सहायता प्राप्त कर सकेंगे।

लेकिन इस बार चरखारी के राजा ने मदद करने से साफ इनकार कर दिया, बल्कि उसने यहाँ तक कहा कि धन देना तो दूर की बात है, यदि उसे यह पता हो कि तात्या कहाँ छुपा है तो उसका पता अंग्रेजों को बताने में वह देर नहीं करेगा। इस तरह चरखारी ने तात्या टोपे को हर प्रकार से निराश कर दिया।

चरखारी के राजा के जवाब से तात्या टोपे को बहुत दुःख हुआ।

अंग्रेज अब भारत के एकछत्र राजा बन गए थे। वे उन राजाओं और नवाबों को पुरस्कृत कर रहे थे, जिन्होंने युद्ध के दौरान उन्हें मदद पहुँचाई थी। चरखारी का राजा भी अंग्रेजों की जीत का उत्सव मना रहा था, क्योंकि अंग्रेज देश के गद्दारों को ऊँची पदवी और उपाधियाँ देते थे। चरखारी का राजा भी इसी प्रकार का सम्मान

प्राप्त करना चाहता था।

तात्या के कानों में जब उसके कारनामों की खबर पहुँची तो उन्होंने उसे दंड देने का निश्चय कर लिया। उन्होंने एक योजना बनाई और उस दिन आक्रमण करने का निर्णय किया गया, जिस दिन वहाँ विजयोत्सव मनाया जाना तय था। निश्चित दिन अपने कुछ साथियों के साथ वे चरखारी की तरफ रवाना हो गए।

विजयोत्सव की रात सब जश्न में मग्न थे। चरखारी का राजभवन दुलहन की तरह सजा हुआ था। अनेक अंग्रेज अफसर, राजा, नवाब और संभ्रांत लोग वहाँ उपस्थित थे और रंगारंग कार्यक्रम का आनंद ले रहे थे। मेहमानों के लिए दावत का शानदार इंतजाम किया गया था। अनेक प्रकार के व्यंजन बनाए गए थे। इसके साथ ही साथ नाच-गाने का भी पूरा इंतजाम था। राजभवन मेहमानों से भरा हुआ था। चारों तरफ खुशी का माहौल था।

राजभवन के सामने का मैदान शामियानों से सजा हुआ था। वहाँ रंग-बिरंगी रोशनियाँ की गई थीं। मधुर वाद्यों की ध्वनियाँ उस माहौल को और भी रंगीन बना रही थीं। कोकिल कंठी तरुणियाँ पैरों में बँधे घुँघरुओं से दिलों की धड़कनों को और बढ़ा रही थीं और बीच-बीच में आलाप रही थीं–

'मोरे सैंया परदेशी, मैं कैसे जिऊँ रामा।'

ऐसे माहौल में किसी ने अनहोनी की सोची भी नहीं होगी। अचानक वहाँ का रंगीन माहौल एकदम शांत हो गया। चारों तरफ खामोशी छा गई। हुआ यूँ कि अचानक एक ओर से घुड़सवारों का एक दल वहाँ आया और उसने 'जय हिंद! जय दुर्गा!' आदि नारों का जयघोष करना शुरू कर दिया।

अचानक हुई इस घटना से सभी लोग हैरान और आश्चर्यचकित

थे। कोई समझ नहीं पा रहा था कि आखिर वहाँ हो क्या रहा था! वे केवल अजनबी की तरह तमाशा देख रहे थे। उसके बाद जो कुछ हुआ, उसे देखकर उन्हें अपनी आँखों पर भरोसा नहीं हुआ। वे लोग सँभल भी नहीं पाए थे कि उससे पहले ही घुड़सवारों के उस दल ने उन सब पर काबू पा लिया। सभी घुड़सवारों के हाथों में तलवारें चमक रही थीं। उनके सिर पर टोप थे और शरीर पर कवच। सभी घुड़सवार निडर और साहसी लग रहे थे, जो अपनी जान की परवाह किए बगैर वहाँ आए थे।

ये सभी तात्या टोपे के स्वतंत्रता सेनानी थे। तात्या किसी को हिलने-डुलने का मौका दिए बगैर सीधे चरखारी के राजा के पास पहुँच गए।

सभा में उपस्थित लोग अपनी जगहों पर खड़े हो गए। ऐसे में तात्या ने सभा में गरजकर घोषणा की, ''जो जहाँ खड़ा है, वहीं खड़ा रहे। हमारी किसी से दुश्मनी नहीं है। हम यहाँ लड़ने नहीं आए हैं। केवल चरखारी के राजा को सजा देने आए हैं, लेकिन अगर कोई अपनी जगह से हिलेगा या हमसे उलझेगा तो उसकी गरदन तलवार से उड़ा दी जाएगी।''

तात्या ने सिंह गर्जना करते हुए यह भी कहा कि उनका वहाँ आने का उद्देश्य उन लोगों को सजा देना है, जो अंग्रेजों के इशारे पर भारतमाता को गुलाम बनाना चाहते हैं।

तात्या की गर्जना सुनकर वहाँ उपस्थित लोग काँप उठे। सब अपनी जगह पर चुपचाप बैठ गए। तात्या ने अपने सैनिकों की मदद से चरखारी राजभवन को खूब लूटा।

चरखारी का राजा चुपचाप सब देखता रहा।

इसके बाद तात्या ने चेतावनी दी कि वह भविष्य में फिर

कभी अंग्रेजों की मदद करने की बात सोचे भी नहीं, वरना अंजाम और भी बुरा होगा। यह सब तो केवल एक चेतावनी स्वरूप था।

इस तरह तात्या सकुशल अपने सैनिकों के साथ वहाँ से निकल गए।

इस घटना से चरखारी के राजा को एक सबक अवश्य मिली। उसे जिन अंग्रेजों की दोस्ती पर गर्व था, वह टूट गया, क्योंकि इस घटना के समय और बाद में भी अंग्रेजों ने उसके लिए कुछ भी नहीं किया था।

अंग्रेज भी तात्या की इस बहादुरी से हैरान थे। उन्होंने उन्हें पकड़ने के लिए अभियान भी चलाए, लेकिन उन्हें ढूँढ़ नहीं पाए। तात्या की इस वारदात के बाद चरखारी के महल में एकदम खामोशी छा गई और विजयोत्सव भंग हो गया।

इस घटना को जिसने भी देखा, वह यही कह रहा था, "तात्या टोपे हवा की तरह आया और हवा की तरह हवा हो गया।"

तात्या टोपे के इस कार्य को लेकर लोगों के अलग-अलग विचार थे। कुछ लोगों ने उनके इस कार्य की आलोचना की; क्योंकि उनका मानना था कि किसी के साथ भी इस तरह से ऐसा व्यवहार नहीं किया जाना चाहिए। किसी भी सभ्य आदमी को ऐसा करने का हक नहीं दिया जा सकता, जिससें दूसरे का अपमान हो। इस प्रकार की विचारधारा के लोग अंग्रेजों के समर्थक थे।

दूसरी तरफ कुछ भारतीय स्वतंत्रता सेनानियों के समर्थक लोग थे, जो यह मान रहे थे कि तात्या ने जो किया था, वह एक देशभक्त का कार्य था। तात्या टोपे भारत माँ के अद्‌भुत वीर पुत्र थे। इस बात में कोई शक था ही नहीं, इसलिए देशभक्त लोग

उनके इस कार्य की सराहना कर रहे थे और ईश्वर से उनके दीर्घायु होने की प्रार्थना कर रहे थे, ताकि वे देश के लिए कुछ कर सकें।

इस घटना की खबर पाकर अंग्रेज सरकार चौकन्नी हो गई। यद्यपि उन्होंने चरखारी के राजा की मदद के लिए एक सैन्य टुकड़ी भी भेज दी तथापि अंग्रेजों को भी तात्या का भय सता रहा था। टुकड़ी इसलिए भेजी गई थी कि अगर कभी तात्या फिर वहाँ आएँ तो उन्हें बंदी बनाया जा सके। सरकार ने तात्या की गिरफ्तारी पर इनाम भी घोषित कर दिया था।

❑

10

जंगल में आश्रय

तात्या वापस बैसवाड़ा (उत्तर प्रदेश) के जंगलों में लौट आए थे। चरखारी लूट से उनके खाने-पीने की समस्या काफी समय के लिए हल हो गई थी। कुछ पैसा अस्त्र-शस्त्र खरीदने पर भी खर्च किया गया था। तात्या टोपे जिन जंगलों में रहा करते थे, वहाँ के लोगों से भी उनका मेल-जोल हो गया था। वहाँ के आदिवासी उनका बहुत आदर-सत्कार करते थे। वे उनके भक्त हो गए थे और उनकी सब बात मानने लगे थे।

ये आदिवासी जंगलों में उनकी पहेरदारी करते थे। किसी भी प्रकार की घटना की जानकारी उन तक पहुँचा देते थे। तात्या टोपे उन्हें जो काम सौंपते थे, वे उसे पूरा कर देते थे। उन्होंने बाहर के लोगों को यह खबर भी नहीं लगने दी थी कि जंगल में तात्या किस जगह पर रहते हैं। अंग्रेज सरकार ने अपने गुप्तचर तात्या को ढूँढ़ने के लिए लगा रखे थे, परंतु आदिवासी कोई खबर बाहर नहीं जाने देते थे। इन आदिवासियों ने अंग्रेजों के अलावा देशद्रोहियों को भी उनकी भनक नहीं लगने दी थी, जो तात्या को खोजकर अंग्रेजों

से इनाम पाना चाहते थे।

बैसवाड़ा के जंगल की एक रोचक घटना है–

जंगल के निकट एक बस्ती में जंगलू नाम का एक बढ़ई रहता था। वह तात्या का बड़ा सम्मान करता था और उनका बड़ा भक्त था। वह प्रतिदिन जंगल में जाकर उनकी सेवा करता था। इसके साथ ही वह उन्हें बाहर की घटनाएँ भी बताया करता था।

जंगलू का एक युवा बेटा था–मंगलू। वह भी पिता की तरह बढ़ई का कार्य करता था, लेकिन वह पिता के साथ नहीं रहता था, शहर में रहता था। कभी-कभी पिता से मिलने वह गाँव आ जाता था। एक दिन की बात है, जब वह शहर से अपने पिता के पास आया तो उसके पास बहुत सारे रुपए थे। वे रुपए मंगलू ने अपने पिता के सामने रख दिए। पिता ने जब इतने रुपए देखे तो हैरान रह गया। उसने बेटे से पूछा, ''बेटा, इतने रुपए कहाँ से लाया है?''

बेटे ने उत्तर दिया, ''पिताजी, ये सारे रुपए हमारे हो सकते हैं, यदि आप चाहें तो...।''

जंगलू ने पूछा, ''मेरे चाहने से ये सारे रुपए हमारे कैसे हो सकते हैं?''

मंगलू ने जवाब दिया, ''आपको केवल इतना बताना है कि जंगल में तात्या टोपे किस जगह पर छुपे हैं। उसके बदले में ये सारे रुपए हमारे हो जाएँगे।''

जंगलू को बहुत गुस्सा आया। उसने डाँटते हुए कहा, ''मंगलू, तू कितना नालायक बेटा है, जो अपने पिता से गद्दारी करने को कह रहा है। तूने यह सोच भी कैसे लिया कि मैं रुपयों के लालच में आकर तुझे उस व्यक्ति का पता बता दूँगा, जो देश की आजादी

के लिए लड़ रहा है और अपनी आखिरी साँस तक देश पर कुरबान होने को तैयार है। तूने तो मेरे कुल को ही कलंकित कर दिया है। आज के बाद यदि तूने फिर इस बात का जिक्र भी किया तो मैं तेरी जुबान काट लूँगा और सदा के लिए तुझे गूँगा बना दूँगा। तू ऐसे आदमी को फाँसी पर चढ़ाना चाहता है, जो देश का सच्चा सपूत है तथा जो हमारी धरतीमाता को आजाद कराने के लिए संघर्ष कर रहा है।''

उस दिन के बाद से जंगलू कभी अपने घर नहीं लौटा और जंगल में तात्या टोपे के साथ ही रहने लगा। वह दिन-रात उनकी सेवा करता था। इस तरह एक गरीब व्यक्ति ने भी अपनी देशभक्ति दिखाई थी। यह कहानी उन लोगों को शिक्षा देती है, जो लालची और स्वार्थी थे तथा अपने फायदे के लिए दूसरों को नुकसान पहुँचाने में कोई कसर नहीं छोड़ते थे।

तात्या को जंगल में ही खबर मिली कि नाना साहब नेपाल चले गए थे, क्योंकि यहाँ सरकार ने उनका सबकुछ छीन लिया था। यहाँ तक कि उनको अपनी जान बचानी भी मुश्किल हो गई थी। अंग्रेजों के विरुद्ध विद्रोह करने के कारण उनकी सारी संपत्ति सरकार ने पहले ही जब्त कर ली थी।

तात्या खुद भी नेपाल जाने की योजना बनाने लगे, ताकि वहाँ नाना से मिलकर आजादी के लिए कोई रणनीति बना सकें।

तात्या ने नेपाल जाने की योजना तो बना ली, परंतु जंगलों को पार करना या वहाँ से बाहर निकलना संभव नहीं था। चारों तरफ से अंग्रेज सैनिकों ने उन्हें घेर रखा था, इसलिए जंगल से बाहर निकलने का मतलब था—स्वयं को बड़ी मुसीबत में डालना, इसलिए उन्होंने नेपाल जाने का विचार छोड़ दिया।

अब वक्त बदल चुका था। तात्या की सारी ताकत समाप्त हो चुकी थी। उनके पास कुछ स्वतंत्रता सेनानियों को छोड़कर कोई नहीं बचा था। उनकी उम्र भी बढ़ती जा रही थी। अत: अब किसी भी योजना को कार्यान्वित करना संभव नहीं हो पा रहा था। तात्या टोपे के पास धन और हथियारों की भी कमी थी, जिसकी वजह से किसी पर आक्रमण करना संभव नहीं हो पा रहा था। यद्यपि उनकी इच्छाशक्ति में कोई कमी नहीं आई थी। वे असहाय होते हुए भी अंग्रेजों की अधीनता को स्वीकार नहीं करना चाहते थे, इसलिए वे अपने जीवन के आखिरी क्षण तक अंग्रेजों से संघर्ष करते रहना चाहते थे। उन्हें मालूम था कि अंग्रेज अगर उनको गिरफ्तार कर लेंगे तो उनके साथ बहुत बुरा व्यवहार करेंगे, इसलिए उनके हाथों मरने से अच्छा है कि वे उनसे लड़ते हुए ही वीरगति को प्राप्त करें, ताकि उनका मान-सम्मान यथावत् बना रहे।

अब देश में अंग्रेजों को हराना संभव नहीं रह गया था। हर तरफ अंग्रेजी सरकार का प्रभाव स्थापित हो चुका था। तात्या के अनेक साथी और राजा, नवाब आदि या तो मारे जा चुके थे या बंदी बना लिए गए थे, लेकिन वे वीरों की भाँति वीरगति पाना चाहते थे। इस कारण वे अंग्रेजों से संघर्ष जारी रखे हुए थे।

उम्र बढ़ने के साथ-साथ तात्या अब इस स्थिति में नहीं रह गए थे कि अधिक समय तक जंगल में रह पाते। इस कारण वे ऐसा स्थान ढूँढ़ रहे थे, जहाँ उनको आश्रय मिल सके। जंगल में रहते हुए काफी समय बीत चुका था। वे इस जीवन से ऊब चुके थे, इसलिए उन्होंने अपने कुछ पुराने मित्रों और शुभचिंतकों को पत्र लिखे कि वे उन्हें आश्रय प्रदान करें। जोधपुर, जयपुर, मेवाड़ आदि रियासतों ने उन्हें किसी भी तरह की मदद देने से इनकार कर दिया। अंग्रेजों के भय से कोई उन्हें शरण प्रदान नहीं कर रहा था। मित्रों

के व्यवहार से तात्या बहुत दुःखी थे। सबकुछ बदला-बदला सा लग रहा था।

कुछ इतिहासकार तो यहाँ तक भी लिखते हैं कि तात्या के पत्र लिखने पर कोई उनकी सहायता को आगे नहीं आया तो वे स्वयं जयपुर और मेवाड़ के राजा के पास आश्रय माँगने गए और उनसे प्रार्थना की कि उन्हें कोई ऐसा स्थान प्रदान कर दिया जाए, जहाँ वे बाकी जीवन आराम से बिता सकें, लेकिन किसी ने भी उनकी इस प्रार्थना पर ध्यान नहीं दिया, क्योंकि वे अंग्रेजों को अपना दुश्मन नहीं बनाना चाहते थे। यहाँ तक कि मेवाड़ के राजा, जिन्होंने कभी मुसलमानों से जमकर लोहा लिया था, अब अंग्रेजों के डर से उनको शरण देने से भी कतरा रहे थे।

इस तरह तात्या जंगल में ही जीवन व्यतीत करने को मजबूर थे। कोई भी उनका साथ देने को तैयार नहीं था। अब उनके मन में प्रतिहिंसा की भावना जागने लगी थी। वे स्वयं को फिर से युद्ध के लिए तैयार करने लगे थे। ईश्वर ने उन्हें युद्ध के लिए ही भेजा है, इसलिए उन्हें किसी की दया पर निर्भर नहीं रहना चाहिए। किसी से भिक्षा माँगकर जीने से तो युद्ध करके मरना अच्छा है, इसलिए उन्होंने अपने देश की आजादी के लिए लड़ते रहने को ही उचित समझा।

इस तरह बैसवाड़ा के जंगलों में उन्होंने अपना संघर्ष जारी रखने का ऐलान कर दिया था। उन्होंने अपनी सेना को पुनः संगठित किया, ताकि अंग्रेजों और आसपास के राजाओं से अपना हक छीन सकें, जो अंग्रेजों का समर्थन करते हैं। उन्होंने जो सेना तैयार की, उसे मराठों द्वारा अपनाई जानेवाली युद्ध-पद्धति से प्रशिक्षित किया गया।

अचानक आकर शत्रु पर हमला करना और लूट-मार करके छिप जाना, यह पद्धति शिवाजी द्वारा मुगलों के समय में अपनाई गई थी। इस पद्धति से उन्होंने औरंगजेब की नाक में दम कर दिया था और उसके सामने ही मराठा साम्राज्य स्थापित करके दिखा दिया था। तात्या ने भी इस पद्धति का सहारा लिया, जिससे वे अपने दुश्मनों से भली-भाँति निबट सकें और उन्हें भयभीत भी कर सकें।

जल्दी ही इस पद्धति की मदद से उन्होंने अपने पड़ोस के राज्यों में भयंकर प्रलय सी मचा दी। खास तौर से धौलपुर, टोंक, बूँदी आदि राज्य उनसे ज्यादा आतंकित थे। वे कभी धौलपुर पर हमला करते तो कभी बूँदी पर, कभी टोंक पर तो कभी चरखारी पर। इस तरह इन राज्यों पर वे कहर बनकर टूट पड़ते थे। उन्होंने अनेक बार राजभवनों को लूटा तो कभी अमीरों के घरों को। वे कभी सरकारी खजाना लूटते तो कभी राजाओं के खजाने को लूटकर ले जाते। इस तरह तात्या टोपे का प्रहार किसी-न-किसी पर होता ही रहता था। सभी उनके इस तरीके से दुःखी हो चुके थे। उनको रोकने का प्रयास भी किया गया, परंतु सारे प्रयास विफल रहे।

तात्या राजाओं और अमीरों से लूटा गया धन कभी अपने पास नहीं रखते थे। वे उससे अपनी सेना की जरूरतों को पूरा किया करते थे तथा कुछ धन गरीबों और निराश्रितों में बाँट देते थे, विधवाओं की सहायता करते थे, गरीबों की पुत्रियों का विवाह कराते थे। इस तरह लूट का सारा धन समाज-हित में लगा देते थे। इसी कारण गरीब, असहाय, दीन-दुःखी उनके नाम की माला जपते थे। उनके लिए दिन-रात दुआ करते थे कि ईश्वर उनको लंबी आयु दे तथा उन्हें हर परेशानी से बचाए।

इस तरह वे गरीबों के मसीहा बन गए थे और अमीरों के लिए खौफ। अंग्रेजों और राजाओं के उन्हें पकड़ने के सारे प्रयास विफल हो गए थे, क्योंकि कोई भी व्यक्ति उनके बारे में बताने को राजी नहीं था। तात्या ने स्वयं को पूरी तरह समाज-सेवा से जोड़ लिया था। अब वे अपने प्राणों की भी परवाह नहीं करते थे। उन्होंने गरीबों की पुत्रियों के विवाह में स्वयं भी शामिल होना शुरू कर दिया था। इसके अलावा दान वगैरह के लिए भी कई बार वे स्वयं ही चले जाते थे। उन्होंने कई धर्म बहनें बना रखी थीं, जिनसे राखी बँधवाने उनके घर जाया करते थे। वे बहुत व्यावहारिक थे, इसलिए सबके साथ मेल-जोल बनाए रखते थे। उनके व्यक्तित्व की ये विशेषताएँ न केवल उनके मित्रों को, बल्कि उनके दुश्मनों को भी पता थीं। यहाँ तक कि अंग्रेज सरकार भी उनकी इन विशेषताओं से परिचित थी, जो उनकी गिरफ्तारी के लिए एड़ी-चोटी का जोर लगा रही थी, परंतु सफल नहीं हो पा रही थी।

जयपुर के पास आमेर में एक बहुत पुराना किला है, जो आमेर के किले के नाम से जाना जाता है। जयपुर घूमने जानेवाले सभी लोग इस किले को देखने अवश्य जाते हैं। आमेर में एक राजपूत परिवार 18वीं शताब्दी से यहीं रहता आया था। वह परिवार अपनी बहादुरी के लिए भी प्रसिद्ध था। इस परिवार में रामसिंह नामक एक व्यक्ति हुआ। वह बहुत बहादुर और देशभक्त था। वह झाँसी की रानी लक्ष्मीबाई की सेना में भरती हुआ। उसने अपनी वीरता और कर्मठता से रानी को प्रभावित किया। अपनी देशभक्ति और सेवावृत्ति के कारण वह जल्दी ही रानी का प्रिय बन गया था।

रामसिंह ने झाँसी के किले की सुरक्षा में जिस तरह अपनी वीरता और सूझ-बूझ का परिचय दिया, उसे देखकर अंग्रेज हैरान

रह गए थे। उसने अपनी वीरता और रणकौशल का अभूतपूर्व परिचय दिया था। उसकी वीरता की छाप रानी के मन पर भी पड़ चुकी थी। वे उसकी वीरता का लोहा मान चुकी थीं। यद्यपि झाँसी का किला ज्यादा दिनों तक सुरक्षित नहीं रह सका था और रानी को मजबूरी में किला छोड़कर जाना पड़ा था। जब वे अपने दुर्ग को छोड़कर जा रही थीं तो उन्होंने जिन वीरों को अपने साथ लिया था, उनमें रामसिंह भी शामिल था।

रानी के बलिदान के बाद रामसिंह तात्या के सैनिकों में शामिल हो गया और धीरे-धीरे उनका मुख्य विश्वासपात्र बन गया। वह भी तात्या के साथ बैसवाड़ा के जंगलों में ही रहता था। उसने अनेक बार अपनी जान दाँव पर लगाकर ऐसे कार्य कर दिखाए थे, जो किसी बहादुर को भी करते हुए डर लगता।

एक बार एक ऐसी ही घटना घटी। तात्या ने उसे एक व्यक्ति की जानकारी लाने के लिए भेजा। उसके पास कुछ सामान भी पहुँचाना था। मार्ग में बदमाशों के एक गिरोह ने उसे घेर लिया। वह बिलकुल नहीं घबराया। उसने अपना सारा कीमती सामान उनके सामने रख दिया।

गिरोह के सरदार ने कहा, ''शेष सामान भी यहाँ रख दो।''

उसने जवाब दिया, ''यह मेरा नहीं है। किसी की अमानत है। भला मैं किसी की अमानत तुम्हें कैसे दे सकता हूँ?''

यह सुनकर बदमाश क्रुद्ध हो गए। सब रामसिंह पर टूट पड़े।

रामसिंह ने बड़ी बहादुरी से उनका सामना किया। आखिर में बुरी तरह घायल होकर भी उसने बदमाशों को मार भगाया, लेकिन तात्या की अमानत को कोई आँच नहीं आने दी और उस सामान

को सही आदमी तक पहुँचा दिया।

रामसिंह इस तरह का कर्तव्यपरायण था। तात्या कहते थे, ''मैं तुम्हारा एहसान कभी नहीं चुका पाऊँगा।''

रामसिंह तात्या के साथ जंगलों में ही रहता था और आवश्यक सूचनाएँ उन तक पहुँचाता था। उसकी सच्चाई, ईमानदारी और वीरता के वे बहुत कायल थे और हमेशा उसकी प्रशंसा करके प्रोत्साहित करते रहते थे।

यह उस समय की बात है जब रामसिंह की बेटी का विवाह था। गरमियों के दिन थे। रात्रि के 8-9 बज रहे थे। रामसिंह का घर रोशनी से जगमगा रहा था। हर तरफ खुशी का माहौल था। मंगलगीत गाए जा रहे थे। बारात दरवाजे पर आ चुकी थी। बाजे बज रहे थे। बाराती खुशी से नाच-गा रहे थे। ऐसे में रामसिंह बारातियों की आवभगत और स्वागत में व्यस्त था। रामसिंह का सारा ध्यान बारातियों के स्वागत-सत्कार में लगा था, तभी उसे अचानक द्वार पर एक नई मुसीबत का सामना करना पड़ गया। बारात पहुँचने के कुछ देर बाद ही गोरी फौज की एक टुकड़ी वहाँ आ धमकी।

एकदम सारे घर में खामोशी छा गई। रामसिंह भी हैरान था। गोरी फौज ने घर को घेर लिया। ऐसे में रामसिंह ने घबराने का नाटक करते हुए एक अफसर से वहाँ आने का कारण पूछा।

अफसर ने गरजते हुए कहा, ''हमें यहाँ की तलाशी लेनी है। हमें खबर मिली है कि इस विवाह में तात्या टोपे मौजूद है।''

रामसिंह ने निर्भीकता से कहा, ''मान्यवर, यहाँ कोई तात्या टोपे नहीं आया है। आपको यकीन न हो तो शौक से घर की तलाशी ले लें।''

अंग्रेज अफसर ने पूरे घर की तलाशी ली, परंतु वहाँ तात्या नहीं मिले। यहाँ तक कि सारे बारातियों की भी अच्छी तरह से शिनाख्त की गई। जब पूरी तसल्ली हो गई, तब जाकर वह अपनी फौज लेकर वहाँ से गया। इस तरह रामसिंह ने अपनी बुद्धिमानी से तात्या को गिरफ्तार होने से बचा लिया। जिस समय गोरी फौज तलाशी ले रही थी, उसके मन में आया कि तलवार लेकर गोरों पर टूट पड़े तथा सबका वहीं पर सफाया कर दे; परंतु बेटी के विवाह का मामला था, इसलिए वह शांत रहा।

गोरी फौज को तात्या टोपे वहाँ पर नहीं मिले, क्योंकि उन्हें गोरों के वहाँ पर पहुँचने की खबर मिल गई थी, इसलिए वे रामसिंह के घर न जाकर बीच रास्ते से ही वापस लौट गए थे।

रामसिंह को इस बात का पता चला तो वह बहुत दुःखी हुआ। उसे हैरानी हो रही थी कि आखिर अंग्रेजों को उनके आने की खबर कैसे लगी! उन्होंने तो अपने घर के सदस्यों को भी उनके आने की खबर नहीं दी थी।

तात्या को भी रामसिंह की बेटी के विवाह में शामिल न होने का बहुत दुःख था, परंतु उससे भी ज्यादा इस बात की हैरानी थी कि आखिर उनके वहाँ पहुँचने की खबर अंग्रेजों को किस तरह से मिली थी! उन्होंने इसकी जानकारी अपने कुछ खास लोगों के अलावा किसी को नहीं दी थी। इसी कारण उनके और रामसिंह के बीच कुछ मतभेद भी उभर आए थे। उन्हें लग रहा था कि शायद रामसिंह ने ही उनके आने की खबर अंग्रेजों को दी थी, यह सच था या नहीं, लेकिन तात्या का खुद अपना मन भी इस बात को स्वीकार करने के लिए तैयार नहीं था; क्योंकि वे जानते थे कि रामसिंह एक सच्चा देशभक्त है, जो देश के लिए अपने

प्राण भी न्योछावर कर सकता है, परंतु विश्वासघात नहीं कर सकता। इस बात को लेकर रामसिंह भी दुःखी था, क्योंकि उसकी वफादारी पर शक किया जा रहा था, लेकिन जल्दी ही तात्या के दल में वह पहले की तरह ही विश्वासपात्र बन गया।

रामसिंह के घर घटी घटना के कारण तात्या अब अपने किसी भी हितैषी और मित्र के घर में नहीं जाते थे और न ही किसी समारोह में शामिल होते थे।

तात्या टोपे के साथ ऐसी ही एक घटना पहले भी घटी थी। जहाँ से वे बड़ी मुश्किल से अपनी जान बचा पाए थे। घटना यूँ थी—

तात्या अपनी एक धर्म बहन के यहाँ राखी बँधवाने गए थे। उस समय ज्यादातर लोग सो चुके थे। तात्या उसके घर पहुँचे तो सबकुछ ठीक लग रहा था। जब वे राखी बँधवाकर खाना खाने बैठे, तभी किसी ने दरवाजा खटखटाया। बहन के पति ने पूछा, "कौन है?"

बाहर से जवाब मिला, "पुलिस।"

न जाने कहाँ से अंग्रेजों को उनके आने की भनक लग गई थी। तात्या ने भोजन बीच में ही छोड़ दिया और पिछले दरवाजे से भागने की तैयारी करने लगे। उन्होंने देखा कि चारों तरफ से अंग्रेजों ने घर को घेर रखा था। ऐसे में जान बचाना मुश्किल लग रहा था, लेकिन उन्होंने हिम्मत नहीं हारी और सूझ-बूझ से अंग्रेजों को धोखा देकर बच निकले। इस घटना ने भी अपनों के प्रति उनके मन में शक को और बढ़ा दिया था कि आखिर उनके आने की जानकारी अंग्रेजों को कैसे हो जाती थी!

बार-बार घटनेवाली इस प्रकार की घटनाओं के कारण तात्या

का मन अपनों के प्रति भी शंका से भरने लगा था। उन्हें लग रहा था कि कहीं अपने ही तो उनके दुश्मन नहीं हो गए थे! लेकिन वे उस व्यक्ति को ढूँढ़ नहीं पा रहे थे, जो उनके साथ विश्वासघात कर रहा था।

उपर्युक्त घटनाओं ने तात्या के मन में विरक्ति का भाव पैदा कर दिया था। अब वे अच्छाई और बुराई के प्रति किसी प्रकार की प्रतिक्रिया व्यक्त नहीं करते थे। वे सत्-असत् और किसी की कार्यविधि में भी हस्तक्षेप नहीं करते थे। वे सब चीजों के प्रति उदासीन हो गए थे। यहाँ तक कि उन्हें अपने प्रति भी किसी प्रकार का लगाव नहीं रहा था। जिस बैसवाड़ा के जंगल में उन्होंने जीवन के कई वर्ष बिता दिए थे, वह जंगल भी अब उनको पराया लगने लगा था। वे इस जंगली जीवन से ऊब गए थे और इस तरह के जीवन से छुटकारा पाना चाहते थे। अतः एक दिन बिना किसी को कुछ बताए वे चुपचाप कहीं चले गए। उनके साथी काफी परेशान हुए कि आखिर वे कहाँ चले गए!

तात्या टोपे देश के विभिन्न भागों का भ्रमण कर रहे थे। वे किसी एकांत जगह की तलाश में थे। सबसे पहले वे महाराष्ट्र गए, जहाँ उन्हें मराठों से मदद की कुछ आशा थी, मगर वहाँ उन्हें कोई सहायता नहीं मिली। वहाँ से वे दक्षिण के राज्यों में विभिन्न तीर्थस्थानों पर गए। कई महीनों तक वहाँ रहे, परंतु स्थायी रूप से किसी भी स्थान को अपना नहीं बना पाए, क्योंकि जिन स्थानों पर वे पहुँचते थे, वहाँ किसी-न-किसी तरह अंग्रेज गुप्तचर पहुँच जाते थे। अतः वे उस स्थान को छोड़कर किसी दूसरे स्थान पर चले जाते थे। इस तरह उनका जीवन चाहकर भी शांतिपूर्ण ढंग से नहीं बीत रहा था।

सरकारी जासूस इस कदर उनके पीछे लगे थे कि वे किसी भी जगह पर एक या दो दिन से ज्यादा नहीं टिक पाते थे। कभी-कभी तो नौबत यहाँ तक आ जाती थी कि किसी स्थान पर पहुँचते ही एक-दो घंटे के बाद उस स्थान को छोड़ना पड़ जाता था। अतः वे वापस उत्तर भारत की ओर लौट आए और अपने कुछ साथियों के साथ शिवपुरी में आकर रहने लगे।

यह देश का दुर्भाग्य है कि ऐसे वीर सपूतों को कितने दुःखों का सामना करना पड़ा था; परंतु वे इन दुःखों को भूलकर देश के लिए संघर्ष करते रहे। ऐसी ही स्थिति तात्या के साथ भी थी। तात्या टोपे को देशभक्ति के कारण ही इतने दुःख झेलने पड़े थे।

❑

11

पीठ में छुरा

लालच का कोई अंत नहीं है। लालची व्यक्ति सिर्फ अपना स्वार्थ देखता है, उसे देश-हित या समाज-हित की चिंता नहीं होती। ऐसा ही तात्या के साथ हुआ। वे जिन गरीबों की सहायता करते थे, उन्हीं में से किसी के मन में यह विचार आया कि 'वह क्यों न तात्या को पकड़वा दे! उसे इनाम मिलेगा और वह अमीर बन जाएगा।'

8 अप्रैल, सन् 1859 की बात है। वातावरण कुछ अजीब सा लग रहा था। दिन के बारह बज चुके थे, लेकिन चारों तरफ शांति छाई हुई थी। आसमान एकदम साफ था। सूर्य अपने पूरे तेज के साथ चमक रहा था। पक्षी और जानवर भी अपने-अपने बसेरों में खामोश बैठे थे।

तात्या अपनी दिनचर्या में व्यस्त थे। वे रोज एक पहाड़ी पर बने शिव मंदिर में पूजा करने जाते थे। उस दिन भी वे मंदिर गए। बंदूक उनके पास थी, लेकिन उस समय बिलकुल मौन थी। उसे किसी खतरे का आभास नहीं था। शिव प्रतिमा भी मौन थी, मानो जो कुछ होनेवाला था, उसकी मौन स्वीकृति दे रही थी। मंदिर की दीवारें भी मौन रहकर

भावी घटना की मूक गवाह बननेवाली थीं।

जहाँ चारों तरफ शांति और खामोशी थी, वहीं तात्या का मन परेशान और बेचैन था। उन्होंने अपने एक मित्र को उसकी बेटी के विवाह के लिए पैसा देने हेतु इसी मंदिर में बुलाया था, परंतु वे इस बात से दु:खी थे कि जितना पैसा देने का उन्होंने संकल्प किया था, उतने पैसों का इंतजाम वे नहीं कर पाए थे। ऐसे में वे अपने उस मित्र को क्या जवाब देंगे और उसका सामना किस तरह से कर पाएँगे! वे यह नहीं जानते थे कि जिसे वे अपना मित्र समझ रहे थे, वह आस्तीन का साँप था। उसने पहले ही दुश्मनों से हाथ मिला लिए थे और वह उनके लिए खतरा बनकर वहाँ आ रहा था। जिस मित्र की वे इतनी फिक्र कर रहे थे कि वे उसका सामना कैसे कर पाएँगे, उसी विश्वासघाती मित्र ने पैसों की खातिर देश के दुश्मनों से उनकी जान का सौदा कर लिया था।

जब उनका वह मित्र वहाँ आया तो दोनों बातें करने लगे। तात्या ने अपनी मजबूरी बताई कि वे अपेक्षित धन की व्यवस्था नहीं कर सके हैं। उसी दौरान अंग्रेज सिपाहियों ने उस मंदिर को चारों तरफ से घेर लिया। एक गोरा अफसर अपने चार सिपाहियों को लेकर मंदिर में आ धमका और तात्या को आत्मसमर्पण के लिए कहा। इससे पहले कि तात्या सावधान हो पाते, सिपाहियों ने उन्हें घेर लिया। इस तरह अपने मित्र की गद्दारी की वजह से वे अंग्रेजों के चंगुल में फँस गए। लालची, गद्दार मित्र ने लालच में आकर देश के एक सच्चे सपूत को मौत के चंगुल में फँसा दिया।

तात्या चारों तरफ से घिर चुके थे। बचाव का कोई रास्ता नजर नहीं आ रहा था। ऐसे में भी उन्होंने संघर्ष करना नहीं छोड़ा। वे एक खंभे की आड़ से गोरों का सामना करने लगे। काफी देर तक मुकाबला चलता रहा। धीरे-धीरे बंदूक की गोलियाँ खत्म होने लगीं। अब वे ज्यादा

देर तक अंग्रेजों का मुकाबला नहीं कर सकते थे, तभी अचानक एक गोली आकर उनके दाहिने हाथ पर लगी, लेकिन फिर भी उन्होंने हार नहीं मानी। एक ही हाथ से अंग्रेजों का मुकाबला करते रहे थे, परंतु जब सारी गोलियाँ खत्म हो गईं तो गोरे सिपाहियों ने झपटकर उनको पकड़ लिया। उनके हाथ-पैरों में मोटी-मोटी हथकड़ियाँ और बेड़ियाँ डाल दी गईं।

❑

12

मुकदमा और फाँसी

तात्या को गिरफ्तार करने के बाद दिखावे के लिए उन पर मुकदमा चलाया गया। यह मुकदमा कोई 10 दिन चला। इसमें अपना पक्ष रखने के लिए तो सरकार ने अपना वकील नियुक्त किया, परंतु तात्या का पक्ष लेनेवाला कोई नहीं था। इस मुकदमे में अंग्रेज सरकार ने उन पर अनेक आरोप लगा दिए थे। सबसे प्रमुख आरोप सरकार के खिलाफ विद्रोह करने का था।

तात्या को शिवपुरी में जेल की कालकोठरी में बंद कर दिया गया। उन पर अमानवीय अत्याचार किए गए।

एक अंग्रेज न्यायाधीश को उनका मुकदमा सुनने और उस पर फैसला देने के लिए नियुक्त किया गया था। तात्या इस दिखावे से बहुत दुःखी थे। वे नहीं चाहते थे कि अंग्रेज सरकार इस तरह का दिखावा करे और लोगों की सहानुभूति अर्जित करने का प्रयास करे। तात्या को अंग्रेज सरकार की न्याय-व्यवस्था पर जरा भी विश्वास नहीं था। उन्हें यकीन था कि अंग्रेज सरकार उनको फाँसी की सजा

देगी, इसलिए वे चाहते थे कि सरकार मुकदमे का नाटक करने के बजाय उन्हें सीधे ही फाँसी दे दे।

आखिर फैसले की घड़ी आ गई।

उस दिन अदालत के बाहर का माहौल बड़ा उत्तेजनापूर्ण था। लोग बड़ी बेसब्री से तात्या के आने का इंतजार कर रहे थे। लोग जानना चाहते थे कि सरकार उनको क्या सजा देती है। कुछ लोग उनके दर्शन के लिए वहाँ आए थे। चारों तरफ तात्या टोपे के नाम की जय-जयकार हो रही थी।

दिन के लगभग 11 बजे उन्हें न्यायालय में पेश किया गया। उनका व्यक्तित्व बड़ा रोबदार था। उनके शरीर का गठन देखकर अंग्रेज अभी भी भयभीत थे कि कहीं वे हथकड़ियों और बेड़ियों को तोड़कर उन पर सिंह की तरह न टूट पड़ें!

उनकी बड़ी-बड़ी मूँछें उनके शांत मुखमंडल को सुशोभित कर रही थीं। मूँछें उनकी पहचान बन गई थीं। आँखों में प्राकृतिक चमक थी। छाती चौड़ी थी, जैसी आमतौर पर वीरों की होती है। स्वाभिमान के कारण उनका मस्तक उठा हुआ था। भुजाएँ लंबी और सुदृढ़ शरीर।

अदालत के बाहर काफी गरमी थी। न्यायाधीश के आसन पर एक गोरा जज बैठा था। सरकारी वकील ने आरोप लगाते हुए कहा, ''मी लॉर्ड, यह कैदी जो आपके सामने खड़ा है, बहुत खतरनाक है। इससे भयानक कैदी आज तक इस अदालत में नहीं आया। यह वह कैदी है, जिसने अंग्रेज शासन के खिलाफ विद्रोह की शुरुआत की थी। इसने अंग्रेज शासन को पलटने के लिए लोगों को भड़काया, जिसके कारण सरकार को विद्रोह का सामना करना पड़ा। यह व्यक्ति अंग्रेज शासन का दुश्मन है और इस देश से अंग्रेज शासन

को समाप्त कर देना चाहता है। इसी व्यक्ति ने हजारों अंग्रेजों को मौत के घाट उतारा है, जिनमें कितने ही पुरुष, स्त्रियाँ और बच्चे शामिल थे। यह व्यक्ति अंग्रेज समाज का भी दुश्मन है, जिसके कारण अंग्रेज सभ्यता को काफी नुकसान पहुँचा है। ऐसे व्यक्ति को, जो अंग्रेज शासन और समाज दोनों का दुश्मन हो, एक ही सजा सबसे उपयुक्त है और वह है—फाँसी की सजा। इसलिए इस व्यक्ति को फाँसी की सजा दी जानी चाहिए, ताकि आनेवाली पीढ़ी इस घटना से सबक ले और फिर कोई व्यक्ति अंग्रेज शासन के विरुद्ध विद्रोह करने का साहस न कर सके। इसे दी गई सजा बाकी लोगों के लिए एक चेतावनी होगी कि जो भी व्यक्ति अंग्रेज समाज का विरोध करेगा, उसका यही अंजाम होगा। इस तरह अंग्रेज सरकार भविष्य में ऐसे विद्रोहों की पुनरावृत्ति को रोक सकेगी और शासन को सुचारु ढंग से चला सकेगी।''

वकील के आरोपों को सुनने के बाद जज ने तात्या टोपे की तरफ देखा और उनसे पूछा, ''क्या सरकारी वकील के आरोप सही हैं? क्या तुमने अंग्रेजी साम्राज्य को पलटने का प्रयास किया है? विद्रोह की आग लगाई? क्या यह भी सच है कि तुमने हजारों अंग्रेज पुरुषों, महिलाओं और बच्चों को मारा है? क्या वे तुम ही थे जिसने अंग्रेजी प्रभाव को कम करने के लिए इस स्वतंत्रता संग्राम का आयोजन किया था?''

जज द्वारा उक्त आरोपों को दोहराया गया था, जिनकी पुष्टि सरकारी वकील द्वारा की गई थी।

तात्या ने बड़े शांत भाव से उत्तर दिया कि ''उन्होंने अंग्रेज सरकार और समाज को कोई नुकसान नहीं पहुँचाया है। स्वयं अंग्रेजों ने उनके देश को गुलाम बना रखा है। यह देश पराधीनता के पाश में फँसा हुआ है, जिसे तोड़ना हमारा फर्ज है।''

उन्होंने आगे कहा, "अंग्रेजों ने हमारे देश को खूब लूटा है और उसे कंगाल बना दिया है। इसलिए यह जरूरी है कि हम ऐसे शासन को ही समाप्त कर दें, जो हमारे देश के खिलाफ हो। यह हमारा कर्तव्य है कि हम अपने देश की स्वतंत्रता के लिए अंग्रेज शासन को समाप्त कर दें; क्योंकि यदि यह नहीं किया गया तो यह शासन हमारे देश को दीमक की तरह चट कर जाएगा। हमने अपना कर्तव्य समझकर इस शासन के विरुद्ध यह संघर्ष किया था, जैसे हर व्यक्ति अपने घर को हर बुराई से बचाने का काम करता है, ताकि वह बुराई उस घर को नष्ट न कर सके। इसी तरह अंग्रेज शासन हमारे देश के लिए एक बुराई की तरह है, जिसे खत्म किया जाना आवश्यक है और यही काम मैंने और मेरे साथियों ने किया है तो इसमें बुरा क्या है? इस काम से अगर हमारे देश का भला होता है तो मैं इसे बार-बार करने को तैयार हूँ। इसके लिए अगर मुझे हजार जन्म लेने पड़ें तो भी मैं इस काम को हर बार करूँगा और तब तक करता रहूँगा, जब तक कि मेरा देश इस बुराई से मुक्त नहीं हो जाता। मुझे इस बात की परवाह नहीं है कि अंग्रेज सरकार मुझे क्या सजा देती है। मेरी तो बस यही इच्छा है कि जब भी मुझे इस धरती पर जन्म मिले, मैं इस धरती के काम आ सकूँ। हमने निर्दोष अंग्रेजों को नहीं मारा, केवल उनसे आत्मरक्षा की थी, जो हमारी हत्या के विचार से आए थे। हमने जो भी कार्य किया, देश हित को ध्यान में रखकर किया, क्योंकि हमारे जीवन का मूल उद्देश्य अपने देश को स्वतंत्र करना था, जिसे हम अपने प्राणों को देकर भी प्राप्त करना चाहते हैं।"

तात्या के विचार सुनकर जज हैरान रह गया। वह खयालों में खो गया। काफी देर सोच-विचार के बाद उसने कोई निर्णय लिया। तात्या के विचारों ने उसे बड़ा प्रभावित किया था, इसलिए उसने

8 अप्रैल, 1859 : गिरफ्तारी के बाद तात्या

जो निर्णय लिया, उसे प्रकट करते हुए वह झिझक रहा था, परंतु गोरी जाति का अभिमान उसे प्रेरित कर रहा था कि उसे केवल तात्या को फाँसी की सजा ही सुनानी है, क्योंकि अंग्रेजी शासन की

यही माँग थी। अत: तात्या के तर्कों की उपेक्षा करते हुए उसने फैसला सुनाया–"तुमने अंग्रेजी शासन के विरुद्ध जो अपराध किए हैं, उन्हें स्वीकार कर लिया है। ऐसे में तुम्हारे अपराध सिद्ध होते हैं कि तुमने ही अंग्रेज सरकार को पलटने के कार्य में महत्त्वपूर्ण भूमिका निभाई है और अंग्रेज सरकार को तुम्हारे कारण काफी नुकसान और परेशानी उठानी पड़ी है। इन कार्यों की केवल एक ही सजा है–फाँसी। यह सजा आनेवाली पीढ़ी के लिए भी एक सबक होगी, जिससे भविष्य में ऐसा कदम उठाने का साहस कोई भी व्यक्ति न करे।"

तात्या ने कोई शिकायत नहीं की, बल्कि प्रत्युत्तर में जज से कहा, "आपकी सजा देशभक्तों के लिए गहने की तरह है, जिससे कोई देशभक्त नहीं डरता है। आप यह न समझें कि मुझे फाँसी पर चढ़ा देने से इस देश में विद्रोह की आग हमेशा के लिए बुझ जाएगी। मेरी यह कुरबानी बेकार नहीं जाएगी। इस कुरबानी से लाखों नए तात्या पैदा होंगे, जो इस देश को आजाद कराने के लिए फिर से संघर्ष और विद्रोह करेंगे। यह विद्रोह की आग तभी बुझेगी, जब देश से अंग्रेजों को बाहर निकाल दिया जाएगा। मेरा यह बलिदान अंग्रेजों के शासन को नष्ट करने की शुरुआत है।"

'जज ने तात्या को फाँसी की सजा दे दी है'–जब बाहर लोगों को यह पता चला तो उन्होंने इसका विरोध शुरू कर दिया। लोगों ने 'तात्या टोपे जिंदाबाद' और 'अंग्रेजी साम्राज्य मुरदाबाद' के नारे लगाए। तात्या को बाहर लाया गया तो लोगों ने सिपाहियों से हाथापाई भी की। वे तात्या को आजाद करने की माँग कर रहे थे।

तात्या टोपे को फिर से कालकोठरी में बंद कर दिया गया। फाँसी की तारीख भी निश्चित कर दी गई। इस तरह तात्या ने अपने जीवन के अंतिम पल खामोशी के साथ बिताए। सरकार ने उनसे

किसी के भी मिलने पर रोक लगा रखी थी। कोई भी उनके पास तक नहीं जा सकता था। तात्या का जीवन एकदम शांत हो गया था। वे अपना अंतिम समय ईश-आराधना में बिता रहे थे। उनकी कोठरी के आसपास कोई कैदी नहीं था, जिसे वे अपने मन की बात बता सकते।

18 अप्रैल, 1859 के दिन शिवपुरी के जेल के अंदर और बाहर तूफान आने से पहले की खामोशी व्याप्त थी। तात्या अपनी कोठरी में विचारमग्न बैठे थे। मन में विचारों की आँधी सी चल रही थी। अपने जीवन में वे जिन लक्ष्यों को लेकर चल रहे थे, वे पूरे नहीं हो पाए थे। वे दुःखी थे और पुरानी बातें याद कर रहे थे—बिठूर में नाना साहब, रानी लक्ष्मीबाई और रावसाहब के साथ खेल-कूद, तलवारबाजी, घुड़सवारी आदि करते थे। बाजीराव पेशवा सबको एक समान प्यार करते थे। उन्हें वह घटना याद आई, जब वे पेशवा बाजीराव के पास बैठे थे। पेशवा दुलार से कह रहे थे, 'तात्या, तुम सबसे बड़े हो, इसलिए तुम्हें ही इन सबकी देखभाल करनी होगी। तुम्हारे रहते इन्हें कोई कष्ट या परेशानी नहीं होनी चाहिए।' परंतु आज उस बात को याद करके तात्या की आँखें आँसुओं से भर आईं, क्योंकि वे ऐसा नहीं कर पाए थे। नाना साहब को सबकुछ छोड़कर नेपाल भागना पड़ा था। रानी लक्ष्मीबाई और रावसाहब दोनों ही स्वर्ग सिधार चुके थे। वे स्वयं इस समय जेल में बैठे थे और आनेवाली मौत का इंतजार कर रहे थे। यह उनका दुर्भाग्य ही था कि छोटे भाई-बहनों के लिए वे कुछ नहीं कर पाए थे।

तात्या रानी लक्ष्मीबाई की बातें याद करते हैं, जब वह छोटी थी तो उसे मनुबाई के नाम से पुकारा जाता था। वह बहुत चंचल और शरारती थी। वह एक क्षण के लिए उनके पास आती थी तो

दूसरे ही क्षण गायब हो जाती थी, जैसे बिजली। उसकी इस चंचलता के कारण ही पेशवा उसे 'छबीली' कहते थे। 11-12 वर्ष की आयु में लक्ष्मीबाई का विवाह हो गया था। सबने आँसू भरी आँखों से उसको डोली में बिठाया था।

तात्या की यादों का सिलसिला जारी था। उन्हें याद आया कि 1851 में जब बाजीराव पेशवा का स्वर्गवास हुआ तो उनके स्थान पर नाना साहब को पेशवा के पद पर नियुक्त किया गया था। उस दिन किस तरह उत्सव मनाया गया था! चारों ओर आनंद का माहौल था, परंतु वह खुशी ज्यादा दिन तक नहीं चल पाई थी, क्योंकि अंग्रेज सरकार ने नाना साहब को बाजीराव पेशवा का उत्तराधिकारी मानने से इनकार कर दिया था।

इस तरह तात्या खयालों में खोए थे, तभी कोठरी का दरवाजा खुला। तात्या खयालों से एकदम जागे।

चार सिपाही अंदर आए। उन्होंने तात्या को सावधान किया कि वे जिसे भी याद करना चाहते हैं, याद कर लें, क्योंकि आज उन्हें फाँसी पर लटका दिया जाएगा।

तय समय पर तात्या सिपाहियों के साथ फाँसी-स्थल पर पहुँचे। निस्तब्ध वातावरण में तात्या ने सबसे पहले फाँसी के फंदे को चूमा। उसके बाद बिना मुँह ढके ही अपने हाथों में फाँसी का फंदा लिया और गीता के श्लोक का उच्चारण करने लगे-

नैनं छिन्दन्ति शस्त्राणि नैनं दहति पावकः।
न चैनं क्लेदयन्त्यापो न शोषयति मारुतः।।
अच्छेद्योऽयमदाह्योऽयमकेल्द्योऽशोष्य एव च।
नित्यः सर्वगतः स्थाणुरचलोऽयं सनानतः।।

अर्थात् जिस प्रकार लोग अपने पुराने वस्त्र छोड़कर नए वस्त्र

धारण कर लेते हैं, उसी प्रकार हमारी जीवात्मा भी मृत्यु के बाद पुराना शरीर छोड़कर नया शरीर धारण कर लेती है। इसलिए इस शरीर के लिए हमें शोक नहीं करना चाहिए, क्योंकि यह शरीर तो नश्वर है और पंच तत्त्वों से मिलकर बना है, जो मृत्यु के बाद उन्हीं पंच तत्त्वों में मिल जाता है। आत्मा अजर-अमर है, जो कभी न तो मरती है और न ही पैदा होती है। केवल शरीर का नाश होता है, आत्मा का नहीं। आत्मा को न कोई मार सकता है, न कोई जला सकता है।

श्लोक का उच्चारण करते-करते ही उस वीर ने फाँसी के फंदे को अपने गले में इस तरह से डाल लिया मानो कोई फूलमाला पहनी हो!

जल्लाद ने फंदा खींच दिया!

तात्या टोपे सदा के लिए मौन हो गए!

❑

13

सार-संक्षेप

तात्या टोपे सन् 1857 के महान् विद्रोही सेनानायक थे। इस प्रथम स्वतंत्रता संग्राम में उनकी भूमिका सबसे महत्त्वपूर्ण, प्रेरणादायक और बेजोड़ थी।

प्रथम स्वतंत्रता संग्राम की शुरुआत 10 मई को मेरठ से हुई और जल्दी ही क्रांति की चिनगारी समूचे उत्तर भारत में फैल गई। अंग्रेजी सत्ता को उखाड़ फेंकने के लिए भारतीय जनता ने जबरदस्त संघर्ष किया। उसने अपने खून से त्याग और बलिदान की अमर गाथा लिखी। एक-एक कर रानी लक्ष्मीबाई, नाना साहब, बहादुरशाह जफर आदि के बलिदान के बाद करीब एक साल तक तात्या टोपे अंग्रेजों को छकाते रहे।

कुछ समय तक तात्या ने ईस्ट इंडिया कंपनी की बंगाल आर्मी तोपखाना रेजिमेंट में नौकरी भी की और वहाँ तोप, बम, बारूद आदि से जुड़ी बारीकियाँ सीखीं, फिर जल्दी ही वे नौकरी छोड़कर वापस बाजीराव के पास आ गए।

सन् 1857 के विद्रोह की लपटें जब कानपुर पहुँचीं और वहाँ के सैनिकों ने नाना साहब को पेशवा और अपना नेता घोषित किया तो तात्या टोपे ने कानपुर को अंग्रेजों से आजाद कराने में सेना का नेतृत्व किया। नाना ने तात्या को अपना सैन्य सलाहकार नियुक्त किया। जब अंग्रेज सेना ने ब्रिगेडियर जनरल हैवलॉक के नेतृत्व में इलाहाबाद की ओर से कानपुर पर हमला किया तो कानपुर की सुरक्षा तात्या ने जी-जान से की, परंतु 16 जुलाई, 1857 को उनकी पराजय हो गई और उन्हें कानपुर छोड़ देना पड़ा।

तात्या बिठूर आ गए। जल्दी ही उन्होंने अपनी सेना का पुनर्गठन कर लिया और कानपुर पर हमले का मौका खोजने लगे। इसी बीच हैवलॉक ने अप्रत्याशित रूप से बिठूर पर आक्रमण कर दिया। इस घमासान लड़ाई में हालाँकि तात्या की पराजय हुई, लेकिन उनके अदम्य साहस की अंग्रेज सेनापति को भी मुक्तकंठ से प्रशंसा करनी पड़ी।

तात्या जानते थे कि युद्ध में जीत-हार चलती ही रहेगी, इसलिए पराजय से वे विचलित नहीं हुए और बिठूर से ग्वालियर चले गए। वहाँ वे 'ग्वालियर कंटिजेंट' नामक प्रसिद्ध सैन्य टुकड़ी को अपने पक्ष में करने में सफल हो गए। वहाँ से अपनी सेना को और मजबूत करते हुए वे कालपी पहुँचे और नवंबर, 1857 में उन्होंने कानपुर पर आक्रमण कर दिया। मेजर जनरल विंढल ने अपनी बटालियन के साथ उनका मुकाबला किया, लेकिन तात्या नाम के तूफान ने उनके सैनिकों को भूसे के ढेर की तरह उड़ाकर रख दिया। इस तरह कानपुर पर पुनः तात्या का अधिकार हो गया, लेकिन यह जीत क्षणिक साबित हुई। ब्रिटिश सेना के प्रधान सेनापति सर कॉलिन कैंपबेल ने 6 दिसंबर, 1857 को तात्या को फिर शिकस्त दे दी।

तात्या ने ब्रिटिश अधिकृत एक नगर खारी पर कब्जा कर लिया और वहाँ से तोपें, गोला-बारूद और तीन लाख सरकारी रुपए लूट लिए, जो सैन्य पुनर्गठन के लिए जरूरी थे।

इसी बीच सर ह्यूरोज ने झाँसी पर घेरा डाला। ऐसे नाजुक मौके पर तात्या अपने 20,000 सैनिकों के साथ रानी लक्ष्मीबाई की मदद के लिए पहुँचे। ब्रिटिश सेना दोनों ओर से घिर गई। आखिरकार लक्ष्मीबाई की जीत हुई। इसके बाद तात्या और लक्ष्मीबाई कालपी पहुँचे। कालपी के युद्ध में टोपे को ह्यूरोज से फिर मुँह की खानी पड़ी।

कोंच, झाँसी, कानपुर और चरखारी की लड़ाइयों की बागडोर तात्या के हाथ में थी, लेकिन दुर्भाग्य से चरखारी को छोड़कर अन्य स्थानों पर उनकी पराजय हो गई।

तात्या बेजोड़ रणनीतिकार थे। वे समझ गए कि अब अगर जल्दी ही अंग्रेजों को बड़ा झटका नहीं दिया गया तो स्वतंत्रता सेनानियों की पराजय हो जाएगी। दूर की सोचते हुए अपने कुछ भरोसेमंद साथियों के साथ वेष बदलकर वे ग्वालियर चले गए।

वहाँ जो कुछ भी हुआ, उसे देख ह्यूरोज के सिर के बाल खड़े हो गए–जो अभी कालपी-विजय के जश्न में डूबा हुआ था। दरअसल, तात्या ने ग्वालियर के राजा जियाजी राव सिंधिया, जो अंग्रेजों का पिट्ठू था, की फौज को अपनी ओर मिला लिया और ग्वालियर के प्रसिद्ध किले पर कब्जा कर लिया। इसके बाद उन्होंने नाना साहब को पेशवा घोषित कर दिया और वे जीत का जश्न मनाते हुए ग्वालियर पहुँचे।

तात्या ग्वालियर में रहकर सैन्य संगठन करने लगे, लेकिन जल्दी ही बौखलाए हुए ह्यूरोज ने तात्या पर आक्रमण कर दिया।

इस युद्ध में कालपी के निकट रानी लक्ष्मीबाई 18 जून, 1857 को शहीद हो गईं।

ब्रिटिश सेना ने इस समय तक लगभग सब स्थानों पर विद्रोह को कुचल दिया था, लेकिन तात्या ने इसके एक साल बाद तक अपने मुट्ठी भर लड़ाकों के साथ ब्रिटिश सेना को हलकान किए रखा। इस दौरान अपना अधिकतर समय उन्होंने दुर्गम बीहड़ों में बिताया। जंगल-जंगल लंबी दौड़ें लगाईं और छापामार युद्ध का संचालन किया। बार-बार उन्हें चारों ओर से घेरने का प्रयास किया गया और बार-बार तात्या को लड़ाइयाँ लड़नी पड़ीं, परंतु यह विलक्षण योद्धा अंग्रेजों के हाथ नहीं लगा। अंग्रेज लेखक सिलवेस्टर ने लिखा है: "हजारों बार तात्या टोपे का पीछा किया गया और चालीस-चालीस मील तक एक दिन में घोड़ों को दौड़ाया गया, परंतु तात्या टोपे को पकड़ने में कभी सफलता नहीं मिली।"

ग्वालियर से निकलने के बाद तात्या ने चंबल नदी पार की और टोंक, बूँदी और भीलवाड़ा गए। वे जयपुर और उदयपुर पर कब्जा करना चाहते थे, लेकिन मेजर जनरल रॉबर्ट्स वहाँ पहले ही पहुँच गया था। तात्या को खबर मिली तो उन्हें बीच से वापस लौटना पड़ा।

जनरल रॉबर्ट्स ने लेफ्टिनेंट होम्स को तात्या का पीछा करने भेजा। भीलवाड़ा के पास तात्या की अंग्रेज सेना के साथ जबरदस्त मुठभेड़ हुई, जिसमें तात्या को पराजय झेलनी पड़ी।

सावन का महीना था। चंबल पूरे उफान पर थी, लेकिन तात्या को खतरों से खेलने में आनंद आता था। गोरी फौज पीछे लगी थी, इसलिए वे उफनती नदी में उतर गए और उसे पार करके झालरापाटन पहुँच गए, जो झालावाड़ की राजधानी थी। यहाँ का राजा अंग्रेज

परस्त था, इसलिए तात्या ने अंग्रेजों के देखते-देखते ही उससे लाखों रुपए वसूले और उसकी तीस तोपों पर कब्जा कर लिया। यहाँ से वे इंदौर जाना चाहते थे और फिर वहाँ के स्वाधीनता सेनानियों को अपने पक्ष में करके फिर दक्षिण पहुँचना था। तात्या को यकीन था कि नर्मदा पार करके वे महाराष्ट्र पहुँच गए तो न केवल स्वाधीनता संग्राम जारी रख सकेंगे, बल्कि अंग्रेजों को भारत से खदेड़ भी देंगे।

सितंबर, 1858 के शुरू में तात्या ने राजगढ़ की ओर रुख किया। वहाँ से उनकी योजना इंदौर पहुँचने की थी, परंतु इससे पहले कि वे इंदौर के लिए रवाना होते, अंग्रेजी फौज ने मेजर जनरल माइकल की कमान में राजगढ़ के निकट तात्या की सेना को घेर लिया। माइकल की फौज थकी हुई थी, इसलिए उसने सुबह हमला करने का विचार किया, परंतु दूसरे दिन सुबह उसे यह देखकर आश्चर्य हुआ कि तात्या की सेना उसके जाल से निकल भागी है।

तात्या ने ब्यावरा पहुँचकर मोरचाबंदी कर रखी थी। यहाँ अंग्रेजों ने पैदल, घुड़सवार और तोपखाना दस्तों को लेकर एक साथ आक्रमण किया। यह युद्ध भी तात्या हार गए। उनकी 27 तोपें अंग्रेजों के हाथ लगीं। तात्या पूर्व में बेतवा की घाटी की ओर चले गए।

सिरोंज में तात्या ने चार तोपों पर कब्जा कर लिया और एक सप्ताह विश्राम किया। सिरोंज से वे उत्तर में ईशागढ़ पहुँचे और इस कस्बे को लूटकर पाँच और तोपों पर कब्जा किया।

ईशागढ़ से तात्या की सेना दो भागों में बँट गई। एक टुकड़ी रावसाहब की कमान में ललितपुर चली गई और दूसरी तात्या की

शिवपुरी में अमर शहीद तात्या टोपे की प्रतिमा

कमान में चंदेरी। तात्या को विश्वास था कि चंदेरी में सिंधिया की सेना उनके साथ हो जाएगी, परंतु ऐसा नहीं हुआ, इसलिए वे 20 मील दक्षिण में मुंगावली चले गए। वहाँ माइकल ने उनका पीछा

किया और 10 अक्तूबर को उन्हें पराजित किया। अब तात्या ने बेतवा पार की और ललितपुर चले गए, जहाँ रावसाहब भी मौजूद थे। उन दोनों का इरादा बेतवा के पार जाने का था, परंतु नदी के दूसरे तट पर अंग्रेज सेना रास्ता रोके खड़ी थी। चारों ओर से घिरा देखकर तात्या ने नर्मदा पार करने का विचार किया। इस मंसूबे को पूरा करने के लिए वे सागर जिले में खुरई पहुँचे, जहाँ माइकल ने उनकी सेना के पिछले दस्ते को परास्त कर दिया, इसलिए तात्या ने होशंगाबाद और नरसिंहपुर के बीच, फतेहपुर के निकट सरैया घाट पर नर्मदा पार की। तात्या ने अक्तूबर, 1858 के अंत में करीब 2500 सैनिकों के साथ नर्मदा पार की थी।

इससे बहुत पहले ही तात्या के पहुँचने का संकेत मिल चुका था। 28 अक्तूबर को इटावा गाँव के चौकीदार ने छिंदवाड़ा से 10 मील दूर स्थित असरे थाने में एक महत्त्वपूर्ण सूचना दी थी। उसने सूचित किया था कि एक भगवा झंडा, सुपारी और पान के पत्ते गाँव-गाँव घुमाए जा रहे हैं। इनका उद्‌देश्य जनता को जाग्रत् करना था। उनसे संकेत भी मिलता था कि नाना साहब या तात्या टोपे उस दिशा में पहुँच रहे हैं।

अंग्रेजों ने तत्काल कदम उठाए। नागपुर के डिप्टी कमिश्नर ने पड़ोसी जिलों के डिप्टी कमिश्नरों को स्थिति का सामना करने के लिए सचेत किया। इस सूचना को इतना महत्त्वपूर्ण माना गया कि उसकी जानकारी गवर्नर जनरल को दी गई। नर्मदा पार करके और उसके दक्षिणी क्षेत्र में प्रवेश करके तात्या ने अंग्रेजों के दिलों में दहशत पैदा कर दी। तात्या इसी मौके की तलाश में थे और अंग्रेज भी उनकी इस योजना को विफल करने के लिए समूचे केंद्रीय भारत में मोरचाबंदी किए हुए थे। इस परिप्रेक्ष्य में तात्या टोपे की सफलता को निश्चय ही आश्चर्यजनक माना जाएगा।

नागपुर क्षेत्र में तात्या के पहुँचने से बंबई प्रांत का गवर्नर एलफिंस्टन घबरा गया। मद्रास प्रांत में भी घबराहट फैल गई। तात्या अपनी सेना के साथ पचमढ़ी की दुर्गम पहाड़ियों को पार करते हुए छिंदवाड़ा के 26 मील उत्तर-पश्चिम में जमई गाँव पहुँच गए। वहाँ के थाने के 17 सिपाही मारे गए, फिर तात्या बोरदेह होते हुए 7 नवंबर को मुलताई पहुँच गए। दोनों बैतूल जिले में हैं। मुलताई में तात्या ने एक दिन विश्राम किया। उन्होंने ताप्ती नदी में स्नान किया और ब्राह्मणों को एक-एक अशर्फी दान की। बाद में अंग्रेजों ने ये अशर्फियाँ जब्त कर लीं।

मुलताई के देशमुख और देशपांडे परिवारों के प्रमुख और अनेक ग्रामीण उनकी सेना में शामिल हो गए, परंतु तात्या को यहाँ जन समर्थन प्राप्त करने में वह सफलता नहीं मिली, जिसकी उन्हें अपेक्षा थी। अंग्रेजों ने बैतूल में उनकी मजबूत घेराबंदी कर ली। पश्चिम या दक्षिण की ओर बढ़ने के सारे रास्ते बंद थे। अंततः तात्या ने मुलताई को लूट लिया और सरकारी इमारतों में आग लगा दी। वे उत्तर-पश्चिम की ओर मुड़ गए और ताप्ती घाटी में सतपुड़ा की चोटियाँ पार करते हुए खंडवा पहुँचे। अंग्रेजों ने हरेक दिशा में उनके विरुद्ध मोरचा बाँध रखा था। खानदेश में सर ह्यूरोज और गुजरात में जनरल रॉबर्ट्स उनका रास्ता रोके थे। बरार की ओर से भी फौज उनकी तरफ बढ़ रही थी। तात्या के एक सहयोगी ने लिखा है कि तात्या उस समय अत्यंत कठिन स्थिति का सामना कर रहे थे। उनके पास न गोला-बारूद था, न पैसा। उन्होंने अपने सहयोगियों को आज्ञा दे दी कि वे जहाँ चाहें जा सकते हैं, परंतु निष्ठावान, सहयोगी और अनुयायी ऐसे कठिन समय में अपने नेता का साथ छोड़ने को तैयार नहीं थे।

तात्या असीरगढ़ पहुँचना चाहते थे, परंतु असीर पर कड़ा

पहरा था। अतः खंडवा से विदा होने के पहले तात्या ने खंडवा, पिपलोद आदि के पुलिस थानों और सरकारी इमारतों में आग लगा दी। खंडवा से वे खरगोन होते हुए मध्य भारत वापस चले आए। खरगोन में खजिया नायक अपने 4000 अनुयायियों के साथ तात्या टोपे के साथ जा मिला। इनमें भील सरदार भी शामिल थे। यहाँ राजपुर में सदरलैंड को चकमा देकर तात्या नर्मदा पार करने में सफल हो गए।

भारत की स्वाधीनता के लिए तात्या का संघर्ष जारी था। एक बार फिर दुश्मन के विरुद्ध तात्या की महायात्रा शुरू हुई। खरगोन से छोटा उदयपुर, बाँसवाड़ा, जीरापुर, प्रतापगढ़, नाहरगढ़ होते हुए वे इंदरगढ़ पहुँचे।

इंदरगढ़ में उन्हें नेपियार, शाबर्स, समरसेट, स्मिथ, माइकल और हार्नर नामक ब्रिगेडियर और उससे भी ऊँचे सैनिक अधिकारियों ने चारों ओर से घेर लिया। बचकर निकलने का कोई रास्ता नहीं था, लेकिन तात्या में अपार धीरज और सूझ-बूझ थी। अंग्रेजों के इस कठिन और असंभव घेरे को तोड़कर वे जयपुर की ओर कूच कर गए। देवास में उन्हें अंग्रेजों से पराजित होना पड़ा। अब उन्हें निराश होकर परोन के जंगल में शरण लेने को विवश होना पड़ा।

परोन के जंगल में तात्या टोपे के साथ विश्वासघात हुआ। नरवर का राजा मानसिंह अंग्रेजों से मिल गया और उसकी गद्दारी के कारण तात्या 8 अप्रैल, 1859 को सोते में पकड़ लिए गए। कुछ इतिहाकारों ने उनकी गिरफ्तारी एक मंदिर में बताई है, इसका विवरण आप पीछे पढ़ चुके हैं।

इस प्रकार तात्या मध्य प्रदेश की मिट्टी के अंग बन गए।

कर्नल मालसेन ने सन् 1857 के विद्रोह का इतिहास लिखा

है। उन्होंने कहा है कि तात्या टोपे चंबल, नर्मदा और पार्वती की घाटियों के निवासियों के हीरो बन गए हैं। सच तो यह है कि तात्या सारे भारत के हीरो बन गए हैं।

पर्सीक्रॉस नामक एक अंग्रेज ने लिखा है कि भारतीय विद्रोह में तात्या सबसे प्रखर मस्तिष्क के नेता थे। उनकी तरह कुछ और लोग होते तो अंग्रेजों के हाथ से भारत छीना जा सकता था।

❑

संदर्भ-साभार

उन ज्ञात-अज्ञात सभी स्रोतों का आभार, जिनसे इस पुस्तक के लिए सामग्री जुटाई गई है। इस पुस्तक के लेखन-सृजन में व्यक्तिगत के अतिरिक्त निम्नलिखित स्रोतों से भी बहुमूल्य संदर्भ-सूचनाएँ ली गई हैं, उनका आभार-

world history encyclopedia
www.wikipedia.org
www.sepiamutiny.comèksepiaèkarchivesèk
003520.htmloutlookindia.comsepiamutiny.com
absoluteastronomy.com
www.ejhansi.comèkfactsèkhistory.htm
en.wikipedia.org
othertimelines.ipbfree.comèkindex.php?showtopi...
lostcityproducts.com
sarvajan.ambedkar.org